# 活用俄语句型会话
## РУССКИЙ ЯЗЫК ДЛЯ КИТАЙЦЕВ

&lt;ТОМ ВТОРОЙ&gt;　　　　&lt;中级&gt;

宋云森　编著

北京大学出版社
北　京

著作权合同登记　图字：01-2005-0854
图书在版编目(CIP)数据

活用俄语句型会话.中级 / 宋云森编著. —北京：北京大学出版社，2005.1
（活用外语句型会话系列）
ISBN 978-7-301-07816-7

Ⅰ.活… Ⅱ.宋… Ⅲ.俄语-口语 Ⅳ.H359.9

中国版本图书馆 CIP 数据核字(2004)第 135371 号

| | |
|---|---|
| 书　　　　名： | 活用俄语句型会话（中级） |
| 著作责任者： | 宋云森　编著 |
| 责 任 编 辑： | 张　冰 |
| 标 准 书 号： | ISBN 978-7-301-07816-7/H·1134 |
| 出 版 发 行： | 北京大学出版社 |
| 地　　　　址： | 北京市海淀区成府路 205 号　100871 |
| 网　　　　址： | http://www.pup.cn |
| 电　　　　话： | 邮购部 62752015　发行部 62750672 |
| | 编辑部 62767347　出版部 62754962 |
| 电 子 邮 箱： | zbing@pup.pku.edu.cn |
| 印　刷　者： | 北京飞达印刷有限责任公司 |
| 经　销　者： | 新华书店 |
| | 890 毫米×1240 毫米　A5　8.5 印张　200 千字 |
| | 2005 年 1 月第 1 版　2009 年 4 月第 4 次印刷 |
| 定　　　　价： | 15.00 元 |

未经许可，不得以任何方式复制或抄袭本书之部分或全部内容。
版权所有，侵权必究　　举报电话：010-62752024
　　　　　　　　　　　电子邮箱：fd@pup.pku.edu.cn

## 出版说明

"活用外语句型会话系列"是一套针对中国人学外语而设计的系列会话丛书,涉及西班牙语、德语、法语和俄语四大语种。每个语种分别由初级、中级和高级三本书组成,读者可以循序渐进地学习。

学习外语关键在于听说,为了便于国内的学习者打好听说基础,"活用外语句型会话系列"为每一语种初、中、高级的主要内容均灌制了录音带,并由外籍老师朗读,特别适合自学者和学生课后复习、练习用,以加强学生对课文的掌握。

2008年奥运会的圣火将在中国点燃,世人的目光将聚焦在这辽阔的神州大地,同时会有成千上万的来自世界各地的运动员和游人前来造访中国,这无疑将是一场世界性的聚会。为了迎接奥运会的到来,我们特地为国内的学习者推出这套"活用外语句型会话系列",以满足人们渴求学习英语以外的其他语种的需要,并帮助他们早日学好外语,为奥运会贡献一份力量。

衷心感谢北京大学出版社使这套系列丛书得以出版发行,让众多的学习者受益。同时,我们也要感谢北京大学出版社各个语种的编辑对这套丛书所付出的辛勤劳动,没有他们的努力,就没有这套丛书的顺利出版。真诚希望每个选择学习这套系列丛书的人能从中学有所获,学有所成,学有所用。

2004年11月30日<br>
泰德教育集团

# СОДЕРЖАНИЕ

| | | |
|---|---|---|
| УРОК 1 | РУССКИЕ ИМЕНА | 4 |
| УРОК 2 | МАКСИМ ПОТЕРЯЛСЯ | 18 |
| УРОК 3 | НОВЫЙ КИНОТЕАТР | 32 |
| УРОК 4 | А ЧТО У ВАС БОЛИТ? | 46 |
| УРОК 5 | КТО ВЫ ПО НАЦИОНАЛЬНОСТИ? | 56 |
| УРОК 6 | ПРИЗ ЗА КРАСОТУ | 68 |
| УРОК 7 | КОНЦЕРТ ПАГАНИНИ | 82 |
| УРОК 8 | С КЕМ ОСТАВИТЬ РЕБЁНКА? | 98 |
| УРОК 9 | НАША КЛАВА — ДЕПУТАТ ПАРЛАМЕНТА | 112 |
| УРОК 10 | СИГНАЛЫ ИЗ КОСМОСА | 128 |
| УРОК 11 | ВВЦ (ВСЕРОССИЙСКИЙ ВЫСТ-АВОЧНЫЙ ЦЕНТР) | 144 |
| УРОК 12 | МГУ (МОСКОВСКИЙ ГОСУДАРСТВЕННЫЙ УНИВЕРСИТЕТ) | 162 |
| УРОК 13 | ЗНАМЕНИТЫЕ ДРУЗЬЯ | 178 |
| УРОК 14 | ЧУДАК ИЗ 32-Й КВАРТИРЫ | 194 |
| УРОК 15 | КАК ОНИ ПОЗНАКОМИЛИСЬ | 210 |
| УРОК 16 | НАШ АВТОБУС УЧИТСЯ | 226 |
| КЛЮЧ К | УПРАЖНЕНИЯМ | 243 |
| ПРИЛОЖЕНИЯ I | ТАБЛИЦА ИМЁН | 255 |
| ПРИЛОЖЕНИЯ II | ГРАММАТИЧЕСКИЕ ТАБЛИЦЫ | 262 |

# 目 录

| | | |
|---|---|---|
| 第 一 课 | 俄国人名 | 5 |
| 第 二 课 | 马克西姆迷路了 | 19 |
| 第 三 课 | 新电影院 | 33 |
| 第 四 课 | 您哪里痛呢？ | 47 |
| 第 五 课 | 您是什么民族的人？ | 57 |
| 第 六 课 | 选美优胜奖 | 69 |
| 第 七 课 | 帕格尼尼协奏曲 | 83 |
| 第 八 课 | 该把小孩交代给谁呢？ | 99 |
| 第 九 课 | 我们的克拉娃是议会代表 | 113 |
| 第 十 课 | 来自太空的信号 | 129 |
| 第十一课 | 全俄展览中心 | 145 |
| 第十二课 | 莫斯科国立大学 | 163 |
| 第十三课 | 有名的朋友 | 179 |
| 第十四课 | 32号公寓的怪人 | 195 |
| 第十五课 | 他们是怎样认识的 | 211 |
| 第十六课 | 我们整个公共汽车的人都在学习 | 227 |
| 练习解答 | | 243 |
| 附录一 | 俄国常见人名检索表 | 255 |
| 附录二 | 俄语词尾规则变化检索表 | 262 |

# УРОК 1

## РУССКИЕ ИМЕНА

У Анто́на и Ве́ры, кото́рые живу́т в кварти́ре №14, ско́ро бу́дет ребёнок. Коне́чно, Анто́н хо́чет сы́на, а Ве́ра хо́чет дочь. Они́ ещё не зна́ют, как назва́ть ребёнка, но мно́го говоря́т об э́том. Им нра́вятся имена́ Кири́лл и Оле́г, Мари́на и Тама́ра.

Сосе́ди и друзья́ то́же ду́мают, как назва́ть ребёнка.

– Назови́те своего́ сы́на Ива́н. Настоя́щее ру́сское и́мя. Сейча́с в мо́де э́то и́мя, – говори́т Лари́са.

– А по-мо́ему, о́чень хоро́шее и́мя Алекса́ндра. А е́сли роди́тся сын, бу́дет Алекса́ндром, – говори́т Ве́ре А́нна Петро́вна, – Са́ша, Шу́ра, Са́шенька.

– А моему́ па́пе нра́вится и́мя Мари́я, – говори́т Зи́на.

– Э́то потому́, что твою́ ма́му зову́т Мари́я Влади́мировна, – смеётся Ве́ра.

В кварти́ре №21 живу́т Серге́евы. Ни́на Никола́евна – Мать-герои́ня. В семье́ де́сять дете́й. Ве́ра ча́сто прихо́дит сюда́, потому́ что ей о́чень нра́вятся де́ти, осо́бенно

# 第一课

## 俄国人名

住在14号公寓的安东与薇拉,很快就会有小孩。当然,安东想要儿子,而薇拉想要女儿。他们还不知道该给小孩起什么名字,但是经常谈到这件事。他们喜欢的名字是:基利尔与奥列格,马丽娜与塔玛拉。

邻居们与朋友们也在想着,该给小孩起什么名字?

"就叫你的儿子伊凡吧。这是个地道的俄国名字。现在这个名字还很流行呢。"拉丽莎说。

"依我看,雅丽桑德拉是个非常好的名字。如果生个儿子呢,就叫亚历山大。"安娜·彼得洛芙娜向薇拉说,"萨沙、舒拉、沙什卡,都不错。"

"可我爸爸喜欢玛丽亚这个名字。"吉娜说。

"这是因为你妈妈就叫玛丽亚·弗拉吉米落芙娜。"薇拉笑着说。

第21号公寓里住着谢尔盖耶夫一家人。尼娜·尼古拉耶芙娜是一个母亲英雄。这个家庭里有10个小孩。薇拉常到这儿来,因为她非常喜欢小孩子,尤其是较小的。她甚至嫉妒尼

маленькие. Она даже завидует Нине Николаевне. Ей ведь уже не нужно думать, как назвать ребёнка. У них в семье есть и Саша, и Володя, и Таня, и Ваня, и Юра, и Лена, и Вера, и Кирилл, и Олег, и Марина.

## ДАВАЙТЕ ПОГОВОРИМ

1. Как зовут...?
   – Как тебя зовут?
   – Меня зовут Максим.
   – А её?
   – Её зовут Маша

   – Максим, ты не знаешь, как зовут девушку, которая живёт в пятой квартире?
   – Знаю, Зина.
   – А как зовут её маму?
   – Вера Васильевна.

2. Джон недавно приехал в Москву и плохо её знает. Ему всегда помогает Сергей, который давно здесь живёт.
   Джон: Я хочу купить новую рубашку. Вчера я был в магазине, но мне не понравились там

娜·尼古拉耶芙娜,因为尼娜已不必伤脑筋,该给孩子取什么名字。

在他们家里有萨沙、瓦洛嘉、塔尼雅、瓦妮亚、尤拉、列娜、薇拉、基利尔、奥列格与马丽娜。

## 会 话

1. ……叫什么名字?
   —你叫什么名字?
   —我叫马克西姆。
   —那她呢?
   —她叫玛莎。

   —马克西姆,你知不知道,住在5号公寓的那个女孩子叫什么名字?
   —知道,她叫吉娜。
   —那她妈妈叫什么?
   —薇拉·瓦西里耶夫娜。

2. 约翰不久前才来到莫斯科,因此对莫斯科知道不多。谢尔盖总是帮助他。谢尔盖在这里已住很久了。
   约　翰:我想买新的衬衫。昨天我到商店去,但是,我不喜欢那里的衬衫。

рубашки.

Сергей: Есть о́чень хоро́ший магази́н "Русла́н", где продаю́т мужски́е костю́мы и руба́шки.

Джон: "Русла́н"? Почему́ он так называ́ется?

Сергей: Это ру́сское мужско́е и́мя. Ты чита́л поэ́му Пу́шкина "Русла́н и Людми́ла"? В Москве́ есть и магази́н "Людми́ла".

Джон: Да, а в це́нтре я ви́дел магази́н "Ва́нда". Это то́же ру́сское и́мя?

Сергей: Нет. Ва́нда – по́льское и́мя. Этот магази́н называ́ется так, потому́ что э́то по́льский магази́н.

Джон: Всё э́то интере́сно, но на́до е́хать в "Русла́н". Пое́дем вме́сте?

Сергей: Пое́дем.

3. В рестора́не
— Посове́туйте, что нам взять?
— Возьми́те ры́бу, она́ о́чень вку́сная.
— Хорошо́, да́йте нам, пожа́луйста, ры́бу.

— Ско́лько с нас?
— Вам вме́сте?
— Да, пожа́луйста, вме́сте.

谢尔盖：有一家很好的商店叫"鲁斯兰"，那里卖男士的服装与衬衫。

约　翰："鲁斯兰"？为何这样称呼？

谢尔盖：这是一个俄罗斯男性名字。你读过普希金的长诗《鲁斯兰与柳德米拉》吗？在莫斯科也有叫"柳德米拉"的商店。

约　翰：是啊，我在市中心还看过叫"汪达"的商店，这也是俄罗斯的名字吗？

谢尔盖：不，"汪达"这是波兰名字。这个商店所以这样称呼，是因为这是一个波兰商店。

约　翰：这都很有趣，不过必须去"鲁斯兰"。我们一起去吗？

谢尔盖：一起去啊。

3. 在餐厅里。

—请建议一下，我们应点什么呢？

—你们就点鱼吧，鱼非常可口。

—好啊，就请给我们送鱼来。

—我们要付多少钱呢？

—你们一起吗？

—是的，请算在一起。

– Рублей пятна́дцать.
– Вот, возьми́те.

## ВЫРАЖЕНИЯ

(1) по-мо́ему
(2) ско́лько с нас (меня́...)?
(3) Меня́ (его́, её...) зову́т...
(4) в мо́де

——一卢布十五戈比。
——这就是。

### 惯用语

(1) 依我看,我的看法是……
(2) 我们(我……)该付多少?
(3) 我(他,她……)名字叫做……
(4) 流行

 ЗАПОМНИТЕ!

1. А (第三格名词) + нравится + Б (第一格名词做主语用):
   А (喜欢) Б

Антону нравится Новосибирск.

安东喜欢新西伯利亚。

– Кому́ нра́вится Новосиби́рск? – Анто́ну.

谁喜欢新西伯利亚？—安东。

– Что нра́вится Анто́ну? – Новосиби́рск.

安东喜欢什么？—新西伯利亚。

| Анто́ну | нра́вится э́тот го́род. |
| Ве́ре | нра́вится но́вая учи́тельница. |
| Мне | нра́вятся э́ти города́. |
| Тебе́ | нра́вятся но́вые учи́тельницы. |
| Ему́ | понра́вился э́тот го́род. |
| Ей | понра́вилась но́вая учи́тельница. |
| Нам | понра́вилось тёплое мо́ре. |
| Вам | понра́вились э́ти города́. |
| Им | понра́вились но́вые учи́тельницы. |

## 2. Кому́ (名词第三格)

物主代词、指示代词或形容词第三格+名词第三格

阳性：

| | | |
|---|---|---|
| моему́ | （我 的） | |
| твоему́ | （你 的） | |
| своему́ | （自己的） | |
| на́шему | （我们的） | бра́ту（兄弟,第三格） |
| ва́шему | （你们的） | |
| э́тому | （这 个） | |
| ма́ленькому | （小 的） | |

阴性：

| | | |
|---|---|---|
| мое́й | （我 的） | |
| твое́й | （你 的） | |
| свое́й | （自己的） | |
| на́шей | （我们的） | сестре́（姊妹,第三格） |
| ва́шей | （你们的） | |
| э́той | （这 个） | |
| ма́ленькой | （小 的） | |

**ПРИМЕЧАНИЕ**

1. 在俄文中,问别人的名字时,最常见的用法是:《Как тебя́ зову́т?》(你叫什么？或怎么称呼你？) 或《Как вас зову́т?》(您叫什么？或怎么称呼您？)。

以 Алекса́ндр Миха́йлович Петро́в 为例，回答的方式有以下几种:Меня́ зову́т~（我叫做……）

(1) Саша (名字 Александр 的简称)。
(2) Александр (名字)。
(3) Александр Михайлович (名字+父称)。
(4) Александр Михайлович Петров (名字+父称+姓氏)。

另外,问别人的名字,较正式的方式有:
(1) (Простите,) как ваше имя и отчество?
(2) (Простите,) как вас по имени и отчеству?
这两句的意思都是:(请问,)您的名字与父称是什么?
如果我们接着问别人的姓氏,则用:
Как ваша фамилия? (您的姓氏是什么?)

## 2. МАТЬ-ГЕРОИНЯ (母亲英雄,妈妈英雄)

二次大战中,苏联丧失很多人口,因此苏联政府鼓励妇女多生育;自 1944 年起,凡是生育并养育十个以上小孩的妇女,都可以获得苏联政府颁给 Мать-героиня 的奖章与头衔,并可在生活补助。分配住宅等方面获得实质的优待。

## ГРАММАТИКА

**1. 名词第三格**

名词第三格或称为"与格",最常见的用法是作为动词的间接受词。例如:

Я написа́л сестре́ письмо́.

我写了一封信给姊妹。

Учи́тель дал мне кни́гу.

老师给了我一本书。

不过,有些动词后一定接名词第三格,但这个名词却不做间接受词用。例如:помога́ть(帮助)、нра́виться(喜欢)、ра́доваться(对……感到高兴)、сове́товать(劝告、建议)、зави́довать(嫉妒、羡慕)等,都是接名词第三格。

关于单数名词与格的词尾变化,第一册第十课的语法中曾介绍过,读者可再回顾复习一次。

与格还用于某些前置词之后,如:по(沿着、依照、由于)、к(到)等;另外,与格也可用于许多无人称句,这些用法以后再介绍。

## УПРАЖНЕНИЕ

填空

(1) _____ (Наш сосед) нравится новая машина.

(2) _____ (Моя сестра) понравились ваши пластинки.

(3) _____ (Ваша учительница) понравился новый театр.

(4) _____ (Мы) не нравится этот мальчик.

(5) Нина написала _____ (я) письмо.

(6) Как _____ (она) зовут?

(7) _____ (Его брат) зовут Иван Иванович.

(8) Антон дал _____ (этот мальчик) свои книги.

(9) _____ (Нина) нравится Иван.

(10) Зина показала _____ (Иван Иванович) фотографии.

(1) де́вочка 小女孩

(2) друг 朋友

(3) звать (зову́, зовёшь...зову́т) 称呼, 招呼

(4) зави́довать (зави́дую, зави́дуешь... зави́дуют) 羡慕, 嫉妒

(5) ма́льчик 男孩

(6) нра́виться – понра́виться 喜欢

(7) поздравля́ть – поздра́вить 恭贺, 祝贺

(8) ребёнок 小孩, 儿童

(9) рестора́н 餐厅

(10) роди́ться 出生

(11) рубль 卢布 (俄国钱币单位)

(12) смея́ться 笑

(13) сове́товать (сове́тую, сове́туешь... сове́туют) – посове́товать 建议

# УРОК 2

## МАКСИМ ПОТЕРЯЛСЯ

Вчера́ А́нна Петро́вна и Макси́м бы́ли в магази́не "Де́тский мир". А́нна Петро́вна хоте́ла купи́ть сы́ну брю́ки и пальто́. А Макси́м хоте́л, что́бы ма́ма купи́ла ему́ маши́ну и самолёт.

И вдруг А́нна Петро́вна уви́дела, что Макси́ма нет. Она́ бы́стро пошла́ в де́тскую ко́мнату, кото́рая есть на пе́рвом этаже́ Магази́на. Объяви́ли по ра́дио, что потеря́лся ма́льчик, кото́рого зову́т Макси́м.

А в э́то вре́мя Макси́м уже́ был на у́лице.

— Вы не зна́ете, где здесь остано́вка авто́буса №5? — спроси́л он.

— Вот она́.

— Спаси́бо.

## В АВТО́БУСЕ

— Скажи́те, пожа́луйста, ско́ро бу́дет остано́вка "У́лица Вави́лова"?

# 第二课

## 马克西姆迷路了

　　昨天安娜·彼得洛芙娜和马克西姆到了"儿童世界"商店。安娜·彼得洛芙娜想要给儿子买外套与大衣。而马克西姆却想要妈妈为他买汽车与飞机。

　　突然,安娜·彼得洛芙娜发现马克西姆不见了,她赶快到了位于商店一楼的儿童室。于是收音机里有人宣布:有一个小孩不见了,他的名字叫马克西姆。

　　而这个时候,马克西姆已经来到街上了。
　　"您知不知道,这里5号公车车站在哪里?"他问。

　　"这就是。"
　　"谢谢。"

## 公共汽车上
——请问,"瓦维洛夫街"的车站是不是快到了?

— Этот автобус не идёт туда. А куда ты едешь, мальчик? И почему ты один? Ты потерялся?

— Нет, моя мама потерялась. А я еду домой.

— А где ты живёшь?

— На улице Вавилова, дом 5.

— Я тоже еду туда. Сейчас нам нужно выйти и пересесть на четвёртый троллейбус. А кто у тебя сейчас дома? Папа дома?

— Нет, папы нет, он на работе.

— А брат или сестра у тебя есть?

— Сестра есть. Но её тоже нет дома. Она в школе. Я думаю, что скоро приедет мама.

## В ТРОЛЛЕЙБУСЕ

— Сейчас я возьму билеты.

— У меня есть деньги. Я знаю, сколько стоит билет, вот 4 копейки.

— Ничего. Я уже взял. Скоро наша остановка. Только не потеряйся опять.

—这辆公车不到那里。小孩,你要到哪里去呢?为什么只有你一个人?你是不是迷路了?

—不,是我妈妈不见了。而我就要回家。

—那你住哪里呢?

—瓦维洛夫街,5号住宅。

—我也要到那里去。现在我们必须下车,并且转换4号电车。那你家现在有谁在家?爸爸在家吗?

—不,爸爸不在,他在上班。

—那你有哥哥或姐姐吗?

—有姐姐。但是她现在不在家。她在学校。我想妈妈很快就要回到家了。

## 无轨电车上

—现在我去买车票。

—我有钱。我知道,车票要多少钱,这里是四戈比。

—没关系。我已经买了。我们的车站就快到了。只是不要再迷路了。

## ДАВАЙТЕ ПОГОВОРИМ

### В автобусе

1. – Вы не ска́жете, ско́лько сто́ит биле́т в авто́бусе?
   – 5 копе́ек.
   – Я иностра́нец и не зна́ю, ско́лько сто́ит биле́т. А в тролле́йбусе ско́лько сто́ит биле́т?
   – В тролле́йбусе—4 копе́йки, а в метро́—5 копе́ек.
   – Спаси́бо.

2. – Скажи́те, пожа́луйста, где ну́жно пересе́сть на пятна́дцатый тролле́йбус.
   – На ста́нции "У́лица Че́хова".
   – Это не ско́ро?
   – Че́рез две остано́вки.
   – Спаси́бо.
   – Пожа́луйста.

3. – Де́вушка, вы сейча́с выхо́дите?
   – А кака́я сейча́с остано́вка?
   – "Пло́щадь Пу́шкина".
   – А сле́дующая?
   – "У́лица Че́хова".
   – Я выхожу́ на "У́лице Че́хова".

## 会 话

### 公共汽车里

1. —可不可以告诉我,车票是多少钱?
   —五戈比。
   —我是外国人,我不知道票价是多少。那无轨电车票价是多少呢?
   —无轨电车票是四戈比,而地铁是五戈比。
   —谢谢。

2. —请问,应该在哪里换第15号无轨电车呢?
   —在"契诃夫街"车站。
   —是不是快到了呢?
   —还有两站。
   —谢谢。
   —不客气。

3. —女孩子,你现在要下车吗?
   —现在是哪一站呢?
   —"普希金广场"。
   —那下一站呢?
   —"契诃夫街"。
   —我在"契诃夫街"下车。

4. – Простите, вы сейчас выходите?
   – Нет, я выхожу на следующей остановке.
   – Разрешите пройти.
   – Пожалуйста.

## ВЫРАЖЕНИЯ

(1) Вы не скажете...
(2) взять билет (= купить билет)

4. —请问,你现在下车吗?
—不,我在下一站下车。
—那请借过一下。
—请。

### 惯用语

(1) 请问……,可不可以告诉我……
(2) 买票

 ЗАПОМНИТЕ!

### 1. 否定无人称句

比较：

| | |
|---|---|
| Антóн дóма. | 安东在家。（人称句） |
| Антóна нет дóма. | 安东不在家。（否定无人称句） |
| Когó нет дóма? | 谁不在家？ |

| Когó? | брáта<br>стрóителя<br>Ивáна Ивáновича<br>сестры́<br>Áнны Петрóвны<br>дóчери | меня́<br>тебя́<br>егó<br>её<br>нас<br>вас<br>их |
|---|---|---|

§ когó 是 кто 的第二格。关于 кто 的其他格形式，可参阅本书后的附录。

### 2. 数词 + 名词

名词为阳性时

| 1 (одúн) | + рубль | （单数第一格） |
| 2 (два), 3, 4 | + рубля́ | （单数第二格） |
| 5, 6... | + рублéй | （复数第二格） |

名词为阴性时

| 1 (однá) | + копéйка | （单数第一格） |
| 2 (две), 3, 4 | + копéйки | （单数第二格） |
| 5, 6... | + копéек | （复数第二格） |

# ПРИМЕЧАНИЯ

## 俄国人名

俄国人完整的名字是由三个部分构成，例如：俄国文学之父普希金的全名是：Алекса́ндр Серге́евич Пу́шкин(1799—1837)，世界名著《战争与和平》作者托尔斯泰的全名是：Лев Никола́евич Толсто́й(1828—1910)。构成俄国人全名的第一个词是名字(и́мя)，第二个是父称(о́тчество)，第三个则是姓氏(фами́лия)。

所谓父称是根据父亲的名字(и́мя)变化而成，也就是我们由某人的父称，可得知他或她父亲的名字，关于父称的构成方式，以后再介绍。这里先介绍名字的实际应用情况。

以上所举的例子，如普希金的名字是 Алекса́ндр，托尔斯泰的名字是 Лев；但是 Алекса́ндр，Лев 等名字都是正式的名字，也就是出现在文件、证件上的名字，或是对不熟悉人士的称呼。在日常生活中，俄国人彼此间的称呼方式，还有简称(уменьши́тельные фо́рмы)，昵称(ласка́тельные фо́рмы)，甚至所谓的鄙称(пренебрежи́тельные фо́рмы)等方式。另外，即使是同样的简称，也还可使用不同的称呼方式。而昵称、鄙称也是如此。

所谓简称是应用于朋友或熟悉的人之间。昵称则常用于父母对子女、关系密切的长辈对晚辈，或者兄弟姊妹之间。鄙称则用于对人有鄙视之意时，不过有时也用于非常亲近的朋友。

以 Алекса́ндр 为例，简称方式有：Са́ша, Шу́ра, Са́ня；昵称的方式有：Са́шенька, Са́шечка, Шу́рочка, Са́нечка, сашу́ня；鄙称则有：Са́шка, Шу́рка, Са́нька.

关于不同俄国名字(имя)的各种称呼方式，请参考本书后的附录1。

#### 否定无人称句

俄文中有一种特殊的句子结构，称作无人称句(безличное предложение)。在这种句子结构中，没有语法上的主语，而理论上的主语，也可说是逻辑上的主语，必须用主格以外的格表现出来。而否定无人称句即是无人称句中的一种。

否定无人称句是表现一种否定的动作或状态，而逻辑上的主语是以第二格表现出来。例如：

Антóна нет дóма.　　（安东不在家。）

这个句子在语法上是没有主语，安东仅是逻辑上的主语，因为根据俄文语法规定，名词只在第一格时，才可作为一个句子的主语，所以在翻译成中文时，安东作主语用，但是在俄文的语法上，这个句子却没有主语，也就是无人称句的一种。

另例：

У меня́ нет дéнег.　　（我没有钱。）

Вчерá нé было дождя́.　（昨天没有下雨。）

На э́той у́лице нет остано́вки автóбуса.

（在这条街上没有公共汽车站。）

**1. 以否定方式回答以下各句：**

(1) В вашем городе есть театр?

(2) В этом парке есть кинотеатр?

(3) У тебя есть фотография Тани?
(4) В вашем городе есть метро?
(5) У тебя есть журнал?
(6) В этой квартире есть горячая вода?
(7) У Виктора есть телефон?
(8) Сестра дома?

2. 按照例句方式做以下练习：

*Антон дома?*

*– Нет, Антона нет дома.*

*– Нет, его нет дома.*

(1) Брат дома?

(2) Дедушка дома?

(3) Нина дома?

(4) Отец дома?

(5) Учительница дома?

(6) Максим и Таня дома?

(1) биле́т    票

(2) бы́стро    快

(3) вдруг    突然

(4) брать – взять    拿,取,买

(5) выходи́ть – вы́йти    走出,离开,下车

(6) де́ньги    钱(永远用复数)

(7) де́тский    儿童的

(8) копе́йка    戈比(俄国钱币,一百戈比等于一卢布)

(9) объявля́ть – объяви́ть    宣布,宣告

(10) опя́ть    再,又

(11) пересе́сть    (完)移坐,换(车、船等)

(12) пло́щадь    广场,面积

(13) покупа́ть – купи́ть    买

(14) потеря́ть    (完)迷失,丢失

(15) прие́хать    (完)来,抵达(乘交通工具的方式)

(16) ско́лько    多少

# УРОК 3

## НОВЫЙ КИНОТЕАТР

В нашем доме живут очень интересные люди. В 21 (двадцать первой) квартире живёт архитектор Михаил Петрович. Сегодня он приглашает всех своих соседей в кино.

Он автор проекта нового кинотеатра, который открывается сегодня. Раньше на нашей улице не было кинотеатра. А сейчас совсем недалеко от нашего дома построили прекрасный современный кинотеатр. Все очень рады, многие в нашем доме любят кино.

Друзья и соседи Михаила Петровича собираются во дворе. Все поздравляют автора. Михаил Петрович, конечно, волнуется. Он ещё совсем молодой архитектор, и это только второй его проект.

Наконец все собрались и пошли. Дети не пошли, потому что идёт фильм, на который "дети до 16 лет не допускаются".

В кинотеатр они пришли рано и всё посмотрели: и

第三课

新电影院

在我们这栋房子里住了一些非常有趣的人。在第21号公寓里住的是建筑师米哈伊尔·彼得洛维奇。今天他邀请所有邻居去看电影。

他是这家新电影院的设计者。电影院就在今天开幕。过去在我们这条街上没有电影院。而现在就在离我们家不远的地方盖了一家漂亮而现代化的电影院。大家都非常高兴,我们这栋房子里有很多人喜欢电影。

米哈伊尔·彼得洛维奇的朋友与邻居就在院子里集合。大家都向设计人道贺。米哈伊尔·彼得洛维奇当然很兴奋。他还是一个很年轻的建筑师,而这只是他第二个设计。

最后大家都到齐了,并且出发了。孩子们不去,因为上演的这场电影是"禁止16岁以下的孩子进场"的。

大家很早就进了电影院,并且四处看看,看看电影院,看

кинотеа́тр, и фойе́, и зал. В фойе́ есть хоро́ший буфе́т и кни́жный кио́ск. Но́вый кинотеа́тр, кото́рый постро́ил Михаи́л Петро́вич, всем понра́вился. Когда́ мы пришли́, в фойе́ был конце́рт.

Наш сеа́нс на́чался в 8 часо́в.

## ДАВА́ЙТЕ ПОГОВОРИ́М

1. По телефо́ну
   – Кинотеа́тр "Октя́брь".
   – Я хочу́ заказа́ть биле́ты на 21 час.
   – Пожа́луйста, есть 1–8 (пе́рвый–восьмо́й) и 18 – 21 (восемна́дцатый–два́дцать пе́рвый) ряды́.
   – Два биле́та, 8 ряд, пожа́луйста.
   – Ва́ша фами́лия?
   – Никола́ев.
   – Биле́ты вы мо́жете получи́ть в 20 : 30 (два́дцать три́дцать).
   – Спаси́бо.

2. – У вас есть биле́ты на семь часо́в?
   – Нет, уже́ нет.
   – А на де́вять часо́в?
   – То́же нет.

看休息室,还有大厅。休息室里有一个很好的餐厅,以及一个书摊。米哈伊尔·彼得洛维奇设计的这个新电影院,大家都很喜欢。就在我们到达休息室时,那里有一场音乐会。

我们的那一场电影是八点开始。

## 会 话

1. 电话中
   —"十月"电影院。
   —我想要订购晚上九点的票。
   —好,我们有一到八排,以及十八到二十一排的票。

   —八排的票两张。
   —贵姓?
   —尼古拉耶夫。
   —你可以在晚上八时三十分拿到票。
   —谢谢。

2. —你们有七点的票吗?
   —不,已经没有了。
   —那九点的呢?
   —也没有了。

– Что же нам де́лать? ...А у вас есть биле́ты на за́втра?

– На за́втра есть.

– Да́йте, пожа́луйста, два биле́та на де́вять часо́в, восьмо́й ряд, е́сли есть.

– Пожа́луйста. Оди́н рубль.

3. – Аня, где ты? Мы опозда́ем в кино́!

– Ничего́. Бу́дет киножурна́л, а я их не люблю́.

– Но ведь быва́ют интере́сные журна́лы, о спо́рте, об иску́сстве.

– Сейча́с, сейча́с. А когда́ начина́ется сеа́нс?

– В 8 часо́в.

– Ну, у нас есть ещё 10 мину́т. Кинотеа́тр ведь недалеко́. Не волну́йся, не опозда́ем.

4. – Скажи́те, пожа́луйста, како́й фильм идёт сего́дня ве́чером?

– Это не де́тский фильм. Де́ти до шестна́дцати лет не допуска́ются. Ты мо́жешь посмотре́ть де́тские фи́льмы у́тром.

– Есть биле́ты на пе́рвый сеа́нс?

– Пожа́луйста.

—我们该怎么办呢？……那你们有没有明天的票呢？

　　—有明天的票。
　　—请给我们两张九点的票，第八排，如果有的话。

　　—这就是。共一卢布。

3. —安妮，你在哪里？我们看电影要迟到了！
　　—没关系。将会有新闻影片，而我不喜欢新闻影片。
　　—不过要知道，也有一些关于运动、艺术等有趣的新闻
　　　影片。
　　—马上，马上。那电影是什么时候开始呢？
　　—八点。
　　—那我们还有十分钟。而电影院又不远。不用紧张，我们
　　　不会迟到的。

4. —请问，今天晚上上演什么电影？

　　—这不是儿童片。16岁以下的孩子不准进场。你可以在
　　　早上看看儿童片。

　　—那有没有第一场的票？
　　—这就是。

### ВЫРАЖЕНИЯ

(1) Де́ти до 16 лет не допуска́ются.

(2) Что же нам де́лать?

(3) недалеко́ от (+кого́–чего́)

**惯用语**

(1) 16岁以下的孩子不准进场。
(2) 我们该怎么办呢？
(3) 离……不远(接名词第二格)。

 *ЗАПОМНИТЕ !*

**1. 否定无人称句的过去式与将来式**

На нашей улице { нет （现在式）/ не было （过去式）/ не будет （将来式） } кинотеатра.

**2. 指示代词+形容词+名词(性、数、格必须一致)**

Антон–брат { этого маленького мальчика. / этой маленькой девочки. }

**3. 动词 мочь(能够)的现在式变化**

| я могу | мы можем |
| ты можешь | вы можете |
| он может | они могут |

 *ПРИМЕЧАНИЯ*

**俄文父称(отчество)的构成**

按照俄国人的习惯，常把名字(имя)和父称一起使用，以称呼不属于亲戚或亲近朋友的成年人，或者用于对上司或长辈等。例如：Николай Иванович(尼古拉、伊凡的儿子)。Мария Николаевна(玛丽亚、尼古拉的女儿)等这样的用法比较正式，也显示说话者向对方表示尊重。而以上二例的 Иванович, Николаевна 则是所谓的父称。

所谓父称，是由父亲的名字(имя)所构成。

(1) 如果父亲的名字以硬辅音结尾,在名字的词尾加上-ович,就构成儿子的父称;在词尾加上-овна,则构成女儿的父称。

例如:

Ива́н { + ович → Ива́нович (阳)
       + овна → Ива́новна (阴)

(2) 如果父亲的名字以й结尾,将й去掉,加上-евич,则构成儿子的父称;加上-евна 则构成女儿的父称。

例如:

Николай { + евич → Никола́евич (阳)
          + евна → Никола́евна (阴)

(3) 如果父亲的名字以а或я结尾,将а或я去掉,加上-ич,则构成儿子的父称;加上-ична 或-инична,则构成女儿的父称。

例如:

Ники́та { + ич → Ники́тич (阳)
         + ична → Ники́тична (阴)

Илья́ { + ич → Ильи́ч (阳)
       + инична → Ильи́нична (阴)

ГРАММАТИКА

## 1. 词尾是-ться型的动词

大多数动词不定式词尾是-ть,但是也有部分动词不定式词尾在-ть之后加上-ся,而成为-ться。这类型动词有数种不同特殊意义。其中最常见的用法是:

(1) 作为"反身动词"。所谓反身动词就是一个动作又回到动作者本身。

例如：

  Я умыва́ю ребёнка.   （我给小孩洗澡。）

  Я умыва́юсь.   （我洗澡。—反身动词）

  Вы одева́ете ребёнка.   （您给小孩穿衣。）

  Вы одева́етесь.   （您穿衣。—反身动词）

(2) 另外，作为被动意义：

  Я открыва́ю дверь.   （我打开门。）

  Дверь открыва́ется.   （门被打开。—被动）

  Рабо́чие стро́ят дом.   （工人盖房子。）

  Дом стро́ится.   （房子正在盖。—被动）

§ 1. -ться 型动词的词尾变化，完全根据-ть 型动词词尾变化进行，只不过在各种词尾之后再加上-ся 或-сь 而已。

2. 如果词尾是元音，则加上-сь，如果是辅音，则加上-ся。另外，必须注意的是 й 为辅音，所以 й 之后，须加 ся。

例如：

现在式

  Я одева́юсь.   Мы одева́емся.

  Ты одева́ешься.   Вы одева́етесь.

  Он одева́ется.   Они одева́ются.

过去式

  Он одева́лся.   Она одева́лась.

  Оно одева́лось.   Они одева́лись.

命令式

  Одева́йся!   Одева́йтесь!

### 2. 否定无人称句的动词

否定无人称句的动词为现在式与将来式时，一定用单数第三人称的形态，若是过去式时，则必须用中性单数第三人称的形态。

例如：

现在式——У меня́ нет де́нег（= У меня́ не есть де́нег）

我没有钱。（事实上一般都不用第二个句子。）

将来式——У меня́ не бу́дет де́нег за́втра.

我明天将没有钱。（动词绝不能用其他形态。）

过去式——У меня́ не́ было де́нег вчера́.

我昨天没有钱。（动词绝不能用其他形态。）

УПРАЖНЕНИЕ

请先以现在式否定的方式回答以下问题，再将回答的句子分别改成将来式与过去式。

例如：

*Здесь есть кинотеатр?*

→ ① *Нет, здесь нет кинотеатра.*

② *Нет, здесь не будет кинотеатра.*

③ *Нет, здесь не было кинотеатра.*

（1）Здесь есть университет?

（2）Здесь есть институт?

（3）Здесь есть школа?

（4）Здесь есть вода?

（5）Здесь есть книги?

（6）Иван и Вера дома?

(7) На этой улице есть остановка автобуса?

(8) У вас есть телефон?

(9) Письмо на столе?

(10) У него есть брат?

(1) а́втор 作者

(2) архите́ктор 建筑师

(3) буфе́т (公共场所的)速食餐厅,小吃部

(4) далеко́ 远

(5) допуска́ться 允许

(6) зака́зывать — заказа́ть 定购

(7) звони́ть — позвони́ть 打电话,(门铃、电话)响

(8) зал 大厅

(9) кинотеа́тр 电影院

(10) киножурна́л 新闻影片

(11) мочь 能够

(12) наконе́ц 终于

(13) начина́ться — нача́ться 开始

(14) открыва́ться — откры́ться 被打开

(15) прекра́сный 漂亮的,卓越的

(16) приглаша́ть — пригласи́ть 邀请

(17) проéкт  计划,草案,设计
(18) рад  高兴
(19) рáно  早,过早
(20) ряд  排,行列
(21) собирáться — собрáться  集合
(22) сеáнс  场次
(23) фойé  (剧场内的)休息室

# УРОК 4

## А ЧТО У ВАС БОЛИТ?

В воскресенье вечером Зина почувствовала себя плохо. У неё была температура, болела голова, болел живот. Пришёл врач и сказал, что у Зины аппендицит. Он сказал, что нужно лечь в больницу и сделать операцию. Зину положили в больницу. Там она была недолго. Ей сделали операцию, и она скоро почувствовала себя хорошо. Врач сказал, что уже можно ходить и не нужно принимать лекарства. Температура у Зины стала нормальной. Зине выписали больничный лист, и она уехала домой. Когда Зина приехала домой, она много рассказывала о больнице, о враче, об операции.

Когда Василий Николаевич почувствовал, что у него болят ноги, он сразу пошёл в поликлинику. Врач посмотрел его и сказал, что ему нельзя ходить и нужно лечь в больницу. Василию Николаевичу тоже понравилась больница. Он был там две недели, а когда вернулся домой, тоже долго рассказывал о больнице. Теперь утром

# 第四课

## 您哪里痛呢？

星期天晚上吉娜觉得不舒服。她发烧、头痛、肚子痛。医生来了，并且说，吉娜有盲肠炎。他又说，吉娜必须入院开刀。吉娜被送到医院去。她在那里没待很久。人们给她动手术，她很快就觉得已经好了。医生说，她已经可以走路，并且不用吃药了。吉娜的体温开始正常。他们给她开了一张疾病诊断书，于是她就回家了。当吉娜回到家里，关于医院，关于医生，关于手术，她谈了很多。

瓦西里·尼古拉耶维奇觉得脚痛，他马上去诊所。医生为他检查，并且说，他不可以走动，而且必须入院。瓦西里·尼古拉耶维奇也很喜欢医院。他在那里待了两个星期，而当他回到家里，他也谈了医院很久。现在早上他说的不是"早安"，晚上说的不是"晚安"，而是"你觉得身体怎样呢？"而当他的朋友以及熟人来了，他总是说："你们身体怎样啊？"并且又谈医

он говорит не "Доброе утро!", а вечером не "Спокойной ночи!" а "Как ты себя чувствуешь?" И когда приходят его друзья и знакомые, он всегда спрашивает: "Как вы себя чувствуете?" и рассказывает о больнице.

## ДАВАЙТЕ ПОГОВОРИМ

1. – Что с вами?
   – У меня болит голова.
   – А какая у вас температура?
   – 37,5 (тридцать семь и пять).
   – Я думаю, что у вас грипп. Вам нельзя курить. И принимайте это лекарство.

2. – Вы больны, у вас грипп. Вам нельзя работать. Надо принимать лекарство и быть дома.
   – Вы думаете, у меня грипп? Но у меня нормальная температура!
   – Температура нормальная, но вы больны.
   – Сколько дней принимать лекарство?
   – Три или четыре дня.

院的事情。

## 会 话

1. —您怎么了?
   —我头痛。
   —您的体温怎么样?
   —三十七点五度。
   —我想,您感冒了。您不可以抽烟。并且要服用这个药。

2. —您生病了,您感冒了。不可以工作。必须吃药,并且留在家里。
   —您认为我感冒了?但是我的体温很正常啊!

   —体温是很正常,但是您是生病了。
   —我要服几天的药呢?
   —三四天吧。

3. — Как вы себя чувствуете?
 — Спасибо уже хорошо. У меня сейчас ничего не болит.
 — А температура у вас есть?
 — Небольшая, 37,3 (тридцать семь и три).

4. — Кто у вас болен?
 — Сын. У него температура и болит живот.
 — Сейчас я посмотрю его.
 — Скажите, доктор, у него не аппендицит?
 — Думаю, что нет.

## ВЫРАЖЕНИЯ

(1) Как вы себя чувствуете?
(2) принимать лекарство
(3) сделать операцию
(4) выписать больничный лист
(5) Доброе утро!
(6) Спокойной ночи!
(7) лечь в больницу
(8) Что с Вами?
(9) Какая у вас температура?

3. —您觉得身体怎样呢?
   —谢谢,已经好了。我现在什么地方都不痛了。

   —还发烧吗?
   —不高,三十七点三度。

4. —你们家谁生病了?
   —我儿子。他发烧,并且肚子痛。
   —现在我来看看他。
   —医生,请问,他是不是有盲肠炎?
   —我想,没有。

### 惯用语

(1) 您觉得身体如何?
(2) 吃药。
(3) 动手术,开刀。
(4) 开疾病诊断书。
(5) 早安!
(6) 晚安!
(7) 住进医院。
(8) 您怎么了? 您发生什么事了?
(9) 您的体温怎么样?

 **ЗАПОМНИТЕ !**

1. 名词第三格 + { мо́жно （可以） / нельзя́ （禁止） } + 动词不定式

  – Анто́ну мо́жно кури́ть?　　（安东可以抽烟吗?）
  – Да, ему́ мо́жно кури́ть.　　（是的,他可以抽烟。）
  – Нет, ему́ нельзя́ кури́ть.　（不,他不可以抽烟。）

2. Что у вас боли́т?　　　　　(您什么地方痛?)

  – Что у вас боли́т?
  у меня́ { боли́т голова́.　（我头痛。）
  　　　　 боля́т но́ги.　　（我两脚痛。）
  – Что у вас боле́ло?　　　（您什么地方痛?—过去式）
  у меня́ { боле́л живо́т.　　（我肚子痛。）
  　　　　 боле́ла голова́.　（我头痛。）
  　　　　 боле́ло се́рдце.　（我心痛。）
  　　　　 боле́ли но́ги.　　（我两脚痛。）

 **ГРАММАТИКА**

### 1. 无人称句

前两课中已介绍过否定无人称句,本课再介绍另一种无人称句。以"Антону можно курить"为例,在逻辑上,这句的主语是Антон,但是在语法上却没有主语,因为Антон在这句中是用第三格,不能作主语用,所以这种句型是无人称句。这类表示应该、必须和可能等情态意义的无人称句用法,除мо́жно外,还有нельзя́（不准、禁止）,на́до（必须),нужно(必须),возможно(可能),невозможно(不可能),необходимо(必须)等。必须记住,以上这些副词作述语(或称谓语)用时,他们逻辑上的主语一定用第三格。

例如：

Мне надо читать. （我必须读书。）

Здесь нельзя курить. （这里不准抽烟。）

### 2. 不定人称句

课文中出现了几次这类的句子：Зину положили в больницу；Ей сделали операцию。这种句子并不是无人称句,而是不定人称句。它们只是把主语они(他们)或люди(人们)省略掉而已。

不定人称句一般都不用主语,不过动词必须用第三人称复数。这种句子并没有特别指出动作的行动者,而仅泛泛地表示有人这么做而已,并且重点是在动作本身或者动作的结果,因此这种句子不使用主语。

### 1. 空格中填入正确的名词形态。

(1) ＿＿＿＿＿＿ (Ты) нельзя курить.

(2) ＿＿＿＿＿＿ (Максим) можно итти в поход.

(3) ＿＿＿＿＿＿ (Она) надо вставать рано.

(4) ＿＿＿＿＿＿ (Мы) нельзя говорить громко.

(5) ＿＿＿＿＿＿ (Он) пора итти домой.

(6) ＿＿＿＿＿＿ (Вы) надо много читать.

(7) ＿＿＿＿＿＿ (Наташа) нельзя смотреть телевизор.

(8) _____ (Они) можно играть в футбол.
(9) _____ (я) надо работать.
(10) _____ (Студент) надо хорошо учиться.

2. 将正确的前置词(из 或 с)填入空格中。

(1) Я иду _____ школы.
(2) Я иду _____ работы.
(3) Я иду _____ института.
(4) Я иду _____ театра.
(5) Я иду _____ пляжа.
(6) Я иду _____ музея.
(7) Я иду _____ площади.
(8) Ты идёшь _____ завода.
(9) Она идёт _____ больницы.
(10) Мы идём _____ урока.

(1) аппендици́т 盲肠炎
(2) боле́ть 生病,痛
(3) больни́ца 医院
(4) больни́чный 医院的
(5) выпи́сывать — вы́писать 摘录,开(证明)
(6) голова́ 头

(7) грипп 感冒

(8) до́ктор 医生,博士

(9) живо́т 腹部,肚子

(10) кури́ть 抽烟

(11) лека́рство 药

(12) ложи́ться — лечь 躺下

(13) лист 纸张,证明书

(14) мо́жно 可以

(15) недо́лго 不久

(16) нельзя́ 禁止

(17) нога́ 脚,腿

(18) норма́льный 正常的

(19) опера́ция 手术

(20) отку́да 从……地方

(21) поликли́ника 诊所,门诊部

(22) принима́ть — приня́ть 服(药),接受,招待

(23) рука́ 手

(24) температу́ра 气温,体温

(25) чу́вствовать — почу́вствовать 感觉

# УРОК 5

## КТО ВЫ ПО НАЦИОНАЛЬНОСТИ?

В двадцать третьей квартире нашего дома живёт инженер Виктор Тарасович Акопян. Когда он должен был получать паспорт, он долго думал, кто же он по национальности.

Виктор говорит по-русски, по-украински и по-татарски. Отца и матери у него нет. Виктор не знает, кто были его родители, потому что он потерял их во время войны. Он жил и учился в детском доме, это и была его семья. Директор детского дома, украинец Тарас Иванович, любил Виктора как отец, и отчество Виктора — Тарасович, Виктор Тарасович. Виктор знает родной язык Тараса Ивановича. Его любимая учительница, армянка Ася Суреновна Акопян, была ему как мать. И фамилия Виктора — Акопян. Детский дом, где жил Виктор, был в Казани, поэтому Виктор говорит по-татарски. И бабушка Галия — татарка — которая работала в детском доме, всегда говорила: "Витя — мой внук".

# 第五课

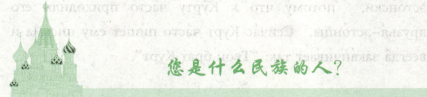

## 您是什么民族的人？

在我们这栋房子的23号公寓中住着工程师维克多·塔拉索维奇·阿卡比昂。当他要领公民证时，他曾经想了很久，他到底是哪一个民族的人。

维克多说俄语、乌克兰语以及鞑靼语。他没有父亲和母亲。维克多不知道他父母是谁，因为他在战争时期，丧失了他的父母。他就在孤儿院中生活与受教育，这就是他的家。孤儿院院长是一个乌克兰人，叫做塔拉斯·伊凡诺维奇，他就像父亲一样喜爱维克多，因此维克多的父名就是塔拉索维奇，他的名字就是维克多·塔拉索维奇。维克多懂得塔拉斯·伊凡诺维奇的母语。他敬爱的老师是一个叫阿霞·苏列诺芙娜·阿卡比昂的亚美尼亚女人，就像是他母亲一样。因此维克多的姓就是阿卡比昂。维克多住的孤儿院就在高加索，因此维克多能说鞑靼语。在孤儿院工作的一个鞑靼女人——卡莉雅老太太总是说："维克多是我的孙子。"后来维克多在莫斯科的一所技术学院读书。他和一个叫库特的爱沙尼亚人读书与居住在一起，于是维克多也了解爱沙尼亚语，因为经常有库特的

Потом Виктор учился в институте в Москве. Он и эстонец Курт учились и жили вместе. Виктор понимает по-эстонски, потому что к Курту часто приходили его друзья-эстонцы. Сейчас Курт часто пишет ему письма и всегда заканчивает так: "Твой брат Курт".

## ДАВАЙТЕ ПОГОВОРИМ

1. – Как вас зовут?
   – Андре.
   – Кто вы по национальности?
   – Француз. А вы?
   – Я русский.
   – Но вы хорошо говорите по-французски!
   – Я много лет учил французский язык.

2. – Кто это.
   – Наш сосед.
   – Как его зовут?
   – Тарас Петрович.
   – А как его фамилия?
   – Иванов.
   – А, кажется, я его знаю.

爱沙尼亚朋友来找库特。现在库特常常写信给他,并且总是如此结尾:"你的哥哥库特"。

## 会 话

1. —您叫什么名字呢?
 —安德烈。
 —您是哪一个民族的人?
 —法国人。那您呢?
 —我是俄罗斯人。
 —但是您法文讲得很好!
 —我学了好几年的法文。

2. —这是谁呢?
 —我们的邻居。
 —他叫什么呢?
 —塔拉斯·彼得洛维奇。
 —那他姓什么呢?
 —伊凡诺夫。
 —喔,好像我认识他。

3. — Скажи́те, пожа́луйста, как зову́т врача́, кото́рый рабо́тает в кабине́те №23?
 — Влади́мир Никола́евич.
 — Его́ фами́лия Ильи́н?
 — Нет, фами́лия Влади́мира Никола́евича — Васи́льев.
 — Влади́мир Никола́евич Васи́льев? Нет я его́ не зна́ю.

 — Он о́чень хоро́ший врач.

4. Как вы себя́ чу́вствуете?
 — Здра́вствуйте, А́нна Петро́вна.
 — До́брое у́тро, Лари́са.
 — А мне сказа́ли, что вы больны́.
 — Да, я действи́тельно была́ больна́.
 — А как вы сейча́с себя́ чу́вствуете?
 — Спаси́бо, уже́ хорошо́.
 — Вы сейча́с хорошо́ вы́глядите.
 — Пра́вда? Спаси́бо.

## ВЫРАЖЕНИЯ

(1) де́тский дом
(2) ка́жется
(3) Вы хорошо́ вы́глядите.
(4) Пра́вда?

3. —请问,在第23号诊察室工作的那个医生叫什么名字呢?
   —弗拉基米尔·尼古拉耶维奇。
   —他姓伊利奇吗?
   —不,弗拉基米尔·尼古拉耶维奇的姓是瓦西里耶夫。
   —弗拉基米尔·尼古拉耶维奇·瓦西里耶夫?不,我不认识他。
   —他是一个很好的医生。

4. 您觉得身体怎么样呢?
   —您好啊,安娜·彼得洛芙娜。
   —早安,拉丽莎。
   —别人告诉我,您生病了?
   —是啊,我确实是生过病。
   —那您现在觉得身体怎么样呢?
   —谢谢,已经好了。
   —您现在气色看起来很好。
   —真的?谢谢。

## 惯用语

(1) 孤儿院,育幼院
(2) 似乎,好像
(3) 您(气色)看起来很好。
(4) 真的吗?

 **ЗАПОМНИТЕ!**

1. Кто он (она, они) по национа́льности?

|  | кто он | кто она́ | кто они́ |
|---|---|---|---|
|  | по национа́льности? | | |
| 英国人 | англича́нин | англича́нка | англича́не |
| 亚美尼亚人 | армяни́н | армя́нка | армя́не |
| 西班牙人 | испа́нец | испа́нка | испа́нцы |
| 乌克兰 | украи́нец | украи́нка | украи́нцы |
| 爱沙尼亚人 | эсто́нец | эсто́нка | эсто́нцы |
| 法国人 | францу́з | францу́женка | францу́зы |
| 俄罗斯人 | ру́сский | ру́сская | ру́сские |
| 中国人 | кита́ец | китая́нка | кита́йцы |

2. англи́йский язы́к 和 по-англи́йски

Я зна́ю
- англи́йский язы́к.
- армя́нский язы́к.
- испа́нский язы́к.
- украи́нский язы́к.
- эсто́нский язы́к.
- францу́зский язы́к.
- ру́сский язы́к.
- кита́йский язы́к.

|   |       | по-английски.  |
|---|-------|----------------|
|   |       | по-армянски.   |
|   |       | по-испански.   |
| Я | говорю| по-украински.  |
|   | читаю | по-эстонски.   |
|   |понимаю| по-французски. |
|   |       | по-русски.     |
|   |       | по-китайски.   |

3. "должен + 动词不定式"的过去式

Он до́лжен был
Она́ должна́ была́
Оно́ должно́ бы́ло       э́то сде́лать.
Они́ должны́ бы́ли

 ГРАММАТИКА

### 人称代词的变格

单数：

| 第一格 | я      | ты     | он   | оно́  | она́  |
|--------|--------|--------|------|-------|-------|
| 第二格 | меня́  | тебя́  | его́ |       | её    |
| 第三格 | мне    | тебе́  | ему́ |       | ей    |
| 第四格 | меня́  | тебя́  | его́ |       | её    |
| 第五格 | мной   | тобо́й | им   |       | ей    |
| 第六格 | обо мне́| о тебе́| о нём|       | о ней |

复数:

| 第一格 | мы | вы | они́ |
| --- | --- | --- | --- |
| 第二格 | нас | вас | их |
| 第三格 | нам | вам | им |
| 第四格 | нас | вас | их |
| 第五格 | на́ми | ва́ми | и́ми |
| 第六格 | о нас | о вас | о них |

§ 1. 单数人称代词第五格（造格、工具格）中，мной 可写成 мно́ю，тобо́й 可写成 тобо́ю，ей 可写成 ею。

2. 前置词 о 与 я 的第六格（前置格）连用时，应写成 обо，也就是 обо мне́。

3. он 和 оно 的第二格（生格）与第四格（对格）его́，发音像 ево́。

4. 第三人称代词，除第一格（主格）外，前面有前置词时，就在词首前加上"н"，例如：у него́, у неё, у них。

## УПРАЖНЕНИЕ

**1. 在以下空格中填入正确的民族或语言名称。**

(1) Я говорю по-русски, потому что я _____.

(2) Он говорит по-француэски, потому что он _____.

(3) Нина читает по-украински. _____ язык-её. родной язык.

(4) Я эстонец. _____ язык — мой родной язык.

(5) Бабушка говорит по-испански, потому что она _____.

(6) Они говорят по-армянски, потому что они _____.

(7) Анна _____. Русский язык — её родной язык.

(8) Она говорит по-французски, потому что она _____.

(9) Они _____. Испанский язык — их родной язык.

(10) Джон говорит по-английски. _____ язык — его родной язык.

2. 将第二格的正确形态填入空格中。

(1) У _____ (мой брат) сегодня нормальная температура.

(2) У _____ (твоя сестра) был аппендицит.

(3) У _____ (наш отец) болят ноги.

(4) У _____ (ваш сосед) нет денег.

(5) У _____ (наш дедушка) часто болит голова.

(6) Это книга _____ (мой брат), а это журнал _____ (моя сестра).

(7) Как фамилия _____ (ваша учительница)?

(8) Это комната _____ (наша бабушка).

(1) армя́нин   亚美尼亚人
(2) взро́слый   成年的；成年人
(3) война́   战争
(4) вы́глядеть   (气色)看起来
(5) дире́ктор   主任，组长
(6) испа́нец   西班牙人
(7) люби́ть   爱
(8) люби́мый   心爱的
(9) национа́льность   民族
(10) о́тчество   父称
(11) па́спорт   护照，身份证
(12) получа́ть — получи́ть   收到，获得
(13) родно́й   亲人的，家乡的
(14) тата́рка   鞑靼女人
(15) теря́ть — потеря́ть   遗失，丧失
(16) украи́нец   乌克兰人
(17) фами́лия   姓氏
(18) эсто́нец   爱沙尼亚人
(19) кита́ец   中国人
(20) кита́йский   中国的，中文的

# УРО́К 6

## ПРИЗ ЗА КРАСОТУ́

А́ня из два́дцать четвёртой кварти́ры рабо́тает на по́чте. О ней я и хочу́ рассказа́ть. А́ня ещё совсе́м молода́я де́вушка. Она́ о́чень лю́бит танцева́ть и покупа́ет все но́вые пласти́нки. А́ня счита́ет, что она́ краси́вая. Она́ мечта́ет о кино́ или теа́тре.

А́ня хоте́ла учи́ться то́лько в театра́льном институ́те. Но она́ не поступи́ла туда́. Пото́м А́ня око́нчила профессиона́льно техни́ческое учи́лище и тепе́рь рабо́тает на по́чте.

Вчера́ она́ рассказа́ла интере́сный слу́чай. На по́чту пришла́ де́вушка, ху́денькая, обыкнове́нная, в очка́х. Она́ пришла́ получи́ть де́нежный перево́д, на перево́де А́ня прочита́ла: "Приз за красоту́". А́ня посмотре́ла на де́вушку, пото́м на перево́д, пото́м опя́ть на де́вушку. За красоту́?

Де́вушка стоя́ла и серьёзно смотре́ла на А́ню.

– Получи́те, пожа́луйста, де́ньги, – наконе́ц сказа́ла

# 第六课

## 选美优胜奖

　　来自24号公寓的安妮在邮局工作。我也要来谈谈她。安妮还是一个很年轻的女孩。她非常喜欢跳舞,并且买了所有新的唱片。安妮认为她很漂亮。对于电影或戏剧,她有着幻想。

　　安妮过去只想到戏剧学院读书。她没进成戏剧学院。后来她从职业技术学校毕业,而现在就在邮局里工作。

　　昨天她谈到一件有趣的事。邮局里来了一个女孩,瘦瘦的,长得很平常,带着眼镜。她是来领汇款。在汇票上,安妮看到:"选美优胜奖"。安妮看看这个女孩,然后看看汇票,然后再看看女孩。因貌美而获奖?

　　女孩站着,并且严肃地看着安妮。
　　"请收钱吧,"最后安妮说了。"也请签个字。"

Аня. – И распиши́тесь.

Когда́ де́вушка ушла́, А́ня и её подру́ги до́лго говори́ли об э́том слу́чае.

"Приз за красоту́? И почему́ приз за красоту́ получи́ла э́та де́вушка?" А́ня взяла́ перево́д и ещё раз прочита́ла его. И вдруг она́ закрича́ла: "Ведь э́то приз за красоту́ ша́хматной па́ртии! "

## ДАВА́ЙТЕ ПОГОВОРИ́М

### НА ПО́ЧТЕ

1. – Ско́лько сто́ит ма́рка для авиаписьма́?
   – Куда́ вы отправля́ете?
   – В А́нглию.
   – 16 (шестна́дцать) копе́ек.
   – Вот, пожа́луйста. А авиаконве́рты мо́жно у вас купи́ть?
   – Да, пожа́луйста.

2. – У вас мо́жно получи́ть де́нежный перево́д?
   – Да. Ваш па́спорт, пожа́луйста. Распиши́тесь вот здесь.
   – Спаси́бо.
   – Пожа́луйста.

当女孩走了以后，安妮和她的朋友对这件事谈了很久。

"选美优胜奖？到底为什么这个女孩会获得选美优胜奖？"安妮拿起汇票，再把它读过一次。于是她突然叫了起来："原来这是一盘象棋的美技奖。"

## 会 话

### 在邮局

1. —寄航空信件邮票多少钱？
   —您要寄到哪里去？
   —英格兰。
   —十六戈比。
   —这就是。那航空信封能不能在你们这里买到？

   —可以。这就是。

2. —你们这里可以领汇款吗？
   —可以。请拿出你的身份证。请在这里签个名。

   —谢谢。
   —不用客气。

3. – Мне нужно отправить телеграмму.
   – Пожалуйста... двадцать рублей.
   – Спасибо. А у вас есть открытки "Москва" и "Ленинград"?
   – Вот, пожалуйста, "Москва".
   – Я возьму эту. И ещё 3 марки для письма и марку для открытки.
   – 18 (восемнадцать) копеек.
   – Спасибо.

4. – У вас есть коллекционные марки по искусству?
   – Четвёртое окно, пожалуйста.
   – Скажите, пожалуйста, какие новые марки по искусству у вас есть?
   – Есть "Русский музей" и Левитан. Вот, посмотрите. А вот ещё новые марки для коллекции.
   – Дайте мне, пожалуйста, эти марки.
   – Два рубля сорок копеек (2 р. 40 к.).
   – Спасибо.

---

**ВЫРАЖЕНИЯ**

(1) в очках
(2) денежный перевод
(3) ещё раз
(4) шахматная партия

3. —我要发一封电报。
   —好……共二十卢布。
   —谢谢。那你们有没有"莫斯科"与"列宁格勒"的明信片呢?
   —这是"莫斯科"明信片。
   —我就买这个。还要寄信用的邮票三张和明信片邮票一张。
   —十八戈比。
   —谢谢。

4. —你们有没有有关艺术方面的邮票集?
   —请到第四窗口。
   —请问,你们有哪些艺术方面新的邮票呢?

   —有"俄罗斯博物馆"与列维坦。这就是,请看看。这里也还有集邮用的新邮票。
   —请给我这些邮票。
   —二卢布四十戈比。
   —谢谢。

### 惯用语

(1) 带着眼镜
(2) 汇款,汇票
(3) 再一次
(4) 一盘象棋

## ПРИМЕЧАНИЯ

### 1. Приз за красоту

在俄国，这是用在国际象棋比赛中的专有名词，它的全称应该是 Приз за красоту шахматной партии。在比赛中，一个棋士在某盘棋中，下出了出人意料、令人激赏的棋路或布局，于是获得 Приз за красоту 这项奖，因此这一个词，我们可称之为国际象棋赛中的"美技奖"。而棋赛中也不一定只有一人可获此项"美技奖"。

但是，从字面上看，приз 是"奖、奖品"的意思；за 是前置词，如果后面接第四格的名词时，表示"因为、由于"的意思；而 красоту 是 красота 的第四格，красота 的意思是"美、美貌"。在本课课文中，安妮因不懂得国际象棋，所以仅能从字面上来了解 приз за красоту 这个词，而把它当作"因美貌而获奖"或"选美优胜奖"的意思。后来她看到这个词后面还有 шахматной партии（шахматная партия 的第二格，шахматная партия 是"一盘象棋"）两个词，才恍然大悟，这是棋赛中的"美技奖"。

### 2. Друг 和 подру́га

这两个名词都是"朋友"的意思。对男性而言，他的男性朋友以及普通关系的女性朋友，都可以称为 друг（复数是 друзья́），而关系较密切的女朋友，则称为 подру́га。

对女性而言，与她普通关系的男性朋友以及关系较密切的男朋友，都可称为 друг，而她的女性朋友则称为 подру́га（复数是 подру́ги）。因此，Они́ друзья́. 这个句子的意思是"他们是朋友"，不过他们可能全部是男性，或者有男有女。而 Они́ подру́ги.（"她们是朋友"）则表示这些朋友全都是女性。

 **ЗАПОМНИТЕ!**

1. 人称代词第六格

   – Мáма, о ком ты расскáзываешь?

   妈妈,你在说谁呢?

   – Ну, конéчно, о тебé.

   嗯,当然是谈你啦。

   о ком? (关于谁?)

   | обо | мне | (我) |
   | о | тебé | (你) |
   | о | нём | (他) |
   | о | ней | (她) |
   | о | нас | (我们) |
   | о | вас | (你们,您) |
   | о | них | (他们) |

   § 1. ком 是 кто(谁)的第六格,关于 кто 其他各格的形态,可参阅本书后的附录。

   2. 关于人称代词其他各格的形态,可参阅本书后的附录或本书第五课。

2. 前置词 для+名词第二格:作为……,为了……(表示事物的用途或目的)

   мáрка для письмá       (书信用的邮票)

   мáрка для открытки     (明信片用的邮票)

   мáрка для коллéкции    (集邮用的邮票)

   тетрáдь для рисовáния  (图画本,即画图用的本子)

   учéбник для чтéния     (读本,即阅读用的课本)

§ для 还有"对……来说"的意义,例如:Курить не хорошо́ для здоро́вья。(吸烟有害健康。)

### 3. 动词 уйти́(离去)的过去式与将来式变化

由于 уйти́ 是完成体的动词,所以它只有过去式与将来式的形态,而没有现在式。

过去式:　　　　　　　　将来式:

　　Ой ушёл　　　　　　　Я уйду́.
　　Она́ ушла́.　　　　　　Ты уйдёшь.
　　Оно́ ушло́.　　　　　　Он уйдёт.
　　Они́ ушли́.　　　　　　Мы уйдём.
　　　　　　　　　　　　　Вы уйдёте.
　　　　　　　　　　　　　Они уйду́т.

## ГРАММАТИКА

### 1. 副词概述

在俄语中,副词是一种没有词尾变化的词类(除了某些有比较级变化的性质副词外),它可用来表示行为和状态的特征或表示性质的不同程度,还可表示行为进行的处所、时间或行为发生的原因、目的等。

在句中,副词可以修饰动词、形容词或副词,在有些情况下,也可以修饰名词,我们以 хорошо́(好好地)、серьёзно(严肃地)、о́чень(非常)、соверше́нно(完全地)、сего́дня(今天)等副词,举例如下:

(1) 副词修饰动词

　　хорошо́ учи́ться　　　　(好好学习)

serьёзно смотре́ть　　　（严肃地看着）

（2）副词修饰形容词

о́чень краси́вый　　　（非常漂亮）

（3）副词修饰副词

соверше́нно ве́рно　　　（完全正确）

（4）副词修饰名词

Кита́й сего́дня　　　（今日的中国）

## 2. 副词的构成

副词大多是由其他词类（包括形容词、名词、数词、代词、动词等），通过加后缀或前缀等方式，或通过意义上的转化而构成的。

其中，以形容词构成的副词较常见。由形容词构成副词的方法是，将形容词词干加上后缀 -o 而成，如：краси́вый（美丽的）—краси́во（美丽地）；或加上后缀 -e，如：и́скренний（真诚的）—и́скренне（真诚地）；或加上后缀 -и（有时同时加前缀 по-），如 кита́йский（中国的，中文的）—по-кита́йски（中国式的）。

不过，由形容词构成的副词中，又以形容词词干加上后缀 -o 的方式最多，而这类副词大多来自性质形容词，例如：

| | | | |
|---|---|---|---|
| вку́сный | （好吃的） — | вку́сно | （津津有味地） |
| интере́сный | （有趣的） — | интере́сно | （有趣地） |
| жа́ркий | （热　的） — | жа́рко | （热） |
| серьёзный | （认真的） — | серьёзно | （认真地） |
| плохо́й | （不好的） — | пло́хо | （不好） |
| хоро́ший | （好　的） — | хорошо́ | （好） |
| холо́дный | （冷　的） — | хо́лодно | （冷冷地） |
| тёплый | （温暖的） — | тепло́ | （暖和地） |

另外，有以名词第五格构成副词，如：

| у́тро | （早晨） | — у́тром | （在早晨） |
| лéто | （夏天） | — лéтом | （在夏天） |

有以带前置词的名词构成副词，如：

| начáло | （开始） | — сначáла | （起初） |
| врéмя | （时间） | — вóвремя | （准时） |

有以动词构成副词，如：

молчáть（沉默） — мóлча　（沉默地）

 УПРАЖНЕНИЕ

**1. 将 кто 或人称代词的正确形式填入空格。**

(1) О _____ (кто) вы сейчас говорили?

(2) Наш сосед собрал большую библиотеку, он часто рассказывает о _____.

(3) В его библиотеке много книг по искусству, о _____ он говорит всегда с удовольствием.

(4) Ты друг Максима? Максим часто рассказывает о _____.

(5) Я подруга Веры. Вера, наверно, говорила вам обо _____.

(6) Мы друзья. Учитель вчера говорил о _____.

(7) Он известный учёный. Вчера в газете я читал о _____.

(8) Вы хорошие друзья Ивана. Иван часто думает о _____.

(9) Они геологи. Это фильм о _____.

(10) Она наш новая учительница. Все говорят о _____.

2. 选用括号内的词填空。

(1) Это _____ обед.

　　Мы пообедали _____. (вкусный, вкусно)

(2) Сегодня _____ день.

　　Сегодня _____. (жаркий, жарко)

(3) Нина _____ учится.

　　Она _____ студентка. (хороший, хорошо)

(4) Утро было _____.

　　Утром было _____. (холодный, холодно)

(5) Они _____ работают.

　　Они _____ инженеры. (серьёзный, серьёзно)

(6) Иван _____ говорит по-английски.

　　Он _____ студент. (плохой, плохо)

(1) авиаконве́рт 航空信封
(2) авиапи́сьмо 航空信
(3) де́нежный 钱的，货币的
(4) закрича́ть 喊叫
(5) коллекцио́нный 收藏的
(6) колле́кция 收集，收藏
(7) красота́ 美，美貌
(8) ма́рка 邮票
(9) мечта́ть 幻想，梦想
(10) обыкнове́нный 平常的
(11) откры́тка 明信片
(12) отправля́ть — отпра́вить 寄，派遣
(13) очки́ 眼镜
(14) па́ртия （象棋）一盘，一局；党派
(15) перево́д 汇票；翻译
(16) по́чта 邮局
(17) расписа́ться 签字
(18) серьёзно 严肃地，认真地
(19) слу́чай 事件，情况，机会

(20) счита́ть 认为；计算
(21) телегра́мма 电报
(22) уйти́ 离去
(23) ху́денький 瘦的
(24) ша́хматный 象棋的

## УРОК 7

## КОНЦЕРТ ПАГАНИНИ

Оте́ц А́ни, Пётр Васи́льевич, ста́рый профе́ссор, писа́л письмо́ и слу́шал ра́дио. Вдруг в ко́мнате пога́с свет. К сча́стью, с ни́ми в до́ме на второ́м этаже́ жил монтёр, симпати́чный молодо́й челове́к. Пётр Васи́льевич вспо́мнил о нём, потому́ что А́ня ча́сто расска́зывала об их сосе́де.

Пётр Васи́льевич позвони́л Ми́ше. Ми́ша пришёл, и че́рез 10 мину́т уже́ был свет и рабо́тало ра́дио.

По ра́дио передава́ли прекра́сную му́зыку.

— Ми́ша, э́то конце́рт Пагани́ни, вы зна́ете, кто тако́й Пагани́ни? — спроси́л Пётр Васи́льевич монтёра.

— Зна́ю, компози́тор.

Профе́ссор улыбну́лся и поду́мал: "Э́то хорошо́, что молоды́е лю́ди в на́ше вре́мя зна́ют класси́ческую му́зыку".

— А вы не зна́ете, кто так прекра́сно игра́ет конце́рт Пагани́ни?

# 第七课

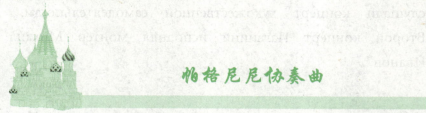
帕格尼尼协奏曲

安妮的父亲,彼得·瓦西里耶维奇,一个老教授,正在写信,并听收音机。突然房间里灯光熄灭下来。很幸运的是,在他们这栋房子的二楼住着一个电工,他是个给人好感的年轻人,彼得·瓦西里耶维奇想起了他,因为安妮经常谈到他们这个邻居。

彼得·瓦西里耶维奇打电话给米沙(米哈伊尔的简称)。米沙来了,十分钟后灯亮了,并且收音机也响了。

收音机里正播放着优美的音乐。

"米沙,这是帕格尼尼的协奏曲,您知道这个帕格尼尼是谁吗?"彼得·瓦西里耶维奇问电工。

"知道,他是作曲家。"

教授笑了一下,并想着:"真好,现在年轻人都知道古典音乐。"

"那您是否知道,谁把帕格尼尼的协奏曲演奏得这么优美?"

– Зна́ю, – споко́йно отве́тил Ми́ша. – Э́то я.

В э́то вре́мя конце́рт ко́нчился, и ди́ктор сказа́л: "Вы слу́шали конце́рт худо́жественной самоде́ятельности. Второ́й конце́рт Пагани́ни исполня́л монтёр Михаи́л Ивано́в".

## ДАВАЙТЕ ПОГОВОРИМ

1. – Како́е сего́дня число́?
   – 20–е апре́ля.
   – Сего́дня в на́шем клу́бе конце́рт худо́жественной самоде́ятельности! И у меня́ есть биле́ты. Хо́чешь пойти́ со мно́й?
   – Коне́чно, с удово́льствием.

2. – Зи́на, ты не забы́ла, что мы идём сего́дня в теа́тр?
   – А како́е сего́дня число́?
   – Восьмо́е.
   – Ра́зве сего́дня восьмо́е? А я ду́мала, что седьмо́е!

3. – Оле́г, здра́вствуй! Когда́ ты прие́хал?
   – Уже́ давно́, 25–го а́вгуста.
   – Ну, и как ты живёшь?
   – Всё хорошо́, спаси́бо. Ты извини́, я сейча́с спешу́. Я

"知道，"米沙平静地回答。"就是我。"

这时候，协奏曲结束，而播音员说到："你们所听到的是业余艺术创作的演奏会。帕格尼尼的第二协奏曲是由电工米哈伊尔·伊凡诺夫所演奏的。"

会　话

1. —今天几号？
   —4月20日。
   —今天在我们俱乐部里，有业余的音乐会。而我有票。你想不想和我去？

   —当然，我很愿意。

2. —吉娜，你没忘记我们今天要去剧院吧？
   —今天几号呢？
   —8号。
   —今天竟然是8号？我还以为是7号呢！

3. —奥列格，你好！你什么时候来的？
   —已经好久了，是8月25日。
   —喔，那你过得还好吧？
   —很好，谢谢。请你原谅，我现在要赶紧走了。我今天晚

позвоню́ тебе́ сего́дня ве́чером.

— Хорошо́, обяза́тельно позвони́.

4. — Па́па, послу́шай, по ра́дио говоря́т о Фёдорове.

— О Фёдорове? А кто э́то тако́й?

— Ты не зна́ешь, кто тако́й Фёдоров? Э́то же молодо́й архите́ктор, а́втор прое́кта на́шего но́вого кафе́.

— А, зна́ю. Спосо́бный молодо́й челове́к.

## ВЫРАЖЕНИЯ

(1) к сча́стью

(2) худо́жественная самоде́ятельность.

(3) Кто э́то тако́й?

Кто тако́й...?

Кто така́я...?

Кто таки́е...?

(4) в на́ше вре́мя

(5) передава́ть по ра́дио

передава́ть по телеви́зору

上打电话给你。
—好啊,一定要打啊。

4. —爸爸,你听,收音机里正谈到费得洛夫。
—费得洛夫?那这是谁呢?
—你不知道这一个费得洛夫是谁吗?他就是年轻的建筑师,我们新咖啡馆的设计人。
—啊,我知道了。他是一个有才干的年轻人。

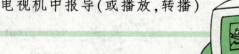

(1) 很幸运的,很侥幸的
(2) 业余艺术活动
(3) 这人到底是谁?
这位……(男性)到底是谁?
这位……(女性)到底是谁?
这些……(二人或以上)到底是谁?
(4) 我们这时代,现代
(5) 收音机中报导(或播放,转播)
电视机中报导(或播放,转播)

## ПРИМЕЧАНИЯ

### 1. Николай Паганини

尼古拉·帕格尼尼(1782—1840)是意大利著名小提琴演奏家兼作曲家,有"提琴之王"的美誉。

### 2. погáснуть(熄灭)的动词变化

由于 погáснуть 是完成体动词,所以它只有将来式与过去式的变化。

| 将来式 | 过去式 |
|---|---|
| Я погáсну | Он погáс |
| Ты погáснешь | Онá погáсла |
| Он погáснет | Онó погáсло |
| Мы погáснем | Они́ погáсли |
| Вы погáснете | |
| Они́ погáснут | |

### 3. 数词与序数词

| | 数 词 | | 序 数 词 |
|---|---|---|---|
| 1 | оди́н | 第 1 | пéрвый |
| 2 | два | 第 2 | второ́й |
| 3 | три | 第 3 | трéтий |
| 4 | четы́ре | 第 4 | четвёртый |
| 5 | пять | 第 5 | пя́тый |
| 6 | шесть | 第 6 | шесто́й |
| 7 | семь | 第 7 | седьмо́й |
| 8 | во́семь | 第 8 | восьмо́й |

| | | | |
|---|---|---|---|
| 9 | де́вять | № 9 | девя́тый |
| 10 | де́сять | № 10 | деся́тый |
| 11 | оди́ннадцать | № 11 | оди́ннадцатый |
| 12 | двена́дцать | № 12 | двена́дцатый |
| 13 | трина́дцать | № 13 | трина́дцатый |
| 14 | четы́рнадцать | № 14 | четы́рнадцатый |
| 15 | пятна́дцать | № 15 | пятна́дцатый |
| 16 | шестна́дцать | № 16 | шестна́дцатый |
| 17 | семна́дцать | № 17 | семна́дцатый |
| 18 | восемна́дцать | № 18 | восемна́дцатый |
| 19 | девятна́дцать | № 19 | девятна́дцатый |
| 20 | два́дцать | № 20 | двадца́тый |
| 21 | два́дцать оди́н | № 21 | два́дцать пе́рвый |
| 22 | два́дцать два | № 22 | два́дцать второ́й |
| 23 | два́дцать три | № 23 | два́дцать тре́тий |
| 24 | два́дцать четы́ре | № 24 | два́дцать четвёртый |
| 25 | два́дцать пять | № 25 | два́дцать пя́тый |
| 26 | два́дцать шесть | № 26 | два́дцать шесто́й |
| 27 | два́дцать семь | № 27 | два́дцать седьмо́й |
| 28 | два́дцать во́семь | № 28 | два́дцать восьмо́й |
| 29 | два́дцать де́вять | № 29 | два́дцать девя́тый |
| 30 | три́дцать | № 30 | тридца́тый |
| 31 | три́дцать оди́н | № 31 | три́дцать пе́рвый |
| 32 | три́дцать два | № 32 | три́дцать второ́й |
| 33 | три́дцать три | № 33 | три́дцать тре́тий |
| 34 | три́дцать четы́ре | № 34 | три́дцать четвёртый |
| 35 | три́дцать пять | № 35 | три́дцать пя́тый |

| | | | |
|---|---|---|---|
| 36 | три́дцать шесть |第 36 | три́дцать шесто́й |
| 37 | три́дцать семь |第 37 | три́дцать седьмо́й |
| 38 | три́дцать во́семь |第 38 | три́дцать восьмо́й |
| 39 | три́дцать де́вять |第 39 | три́дцать девя́тый |
| 40 | со́рок | 第 40 | сороково́й |
| 50 | пятьдеся́т | 第 50 | пятидеся́тый |
| 60 | шестьдеся́т | 第 60 | шестидеся́тый |
| 70 | се́мьдесят | 第 70 | семидеся́тый |
| 80 | во́семьдесят | 第 80 | восьмидеся́тый |
| 90 | девяно́сто | 第 90 | девяно́стый |
| 100 | сто | 第 100 | со́тый |

**ЗАПО́МНИТЕ!**

1. 月份

янва́рь : 1 月   февра́ль : 2 月

март : 3 月   апре́ль : 4 月

май : 5 月   ию́нь : 6 月

ию́ль : 7 月   а́вгуст : 8 月

сентя́брь : 9 月   октя́брь : 10 月

ноя́брь : 11 月   дека́брь : 12 月

## 2. Како́е число́? Како́го числа́?

| | | |
|---|---|---|
| Како́е число́ сего́дня?<br>(今天几号？) | пе́рвое<br>второ́е<br>тре́тье<br>четвёртое<br>пя́тое<br>…<br>два́дцать пе́рвое | января́<br>февраля́<br>ма́рта<br>апре́ля<br>ма́я<br>ию́ня |
| Когда́?<br>(什么时候？)<br>Како́го числа́?<br>(几号？) | пе́рвого<br>второ́го<br>тре́тьего<br>четвёртого<br>пя́того<br>…<br>два́дцать пе́рвого | ию́ля<br>а́вгуста<br>сентября́<br>октября́<br>ноября́<br>декабря́ |

Сего́дня второ́е апре́ля.
今天是 4 月 2 日。

Вчера́ бы́ло пе́рвое апре́ля.
昨天是 4 月 1 日。

За́втра бу́дет тре́тье апре́ля.
明天是 4 月 3 日。

Анто́н пое́дет в Новосиби́рск семна́дцатого ма́рта.
安东 3 月 17 日要去新西伯利亚。

У Ве́ры роди́лся сын седьмо́го ию́ля.
薇拉在 7 月 7 日生了儿子。

3. С кем? (和谁呢？)

| я — со мной | мы — с нами |
|---|---|
| ты — с тобой | вы — с вами |
| он — с ним | они — с ними |
| она — с ней | |

Это Антон. Я с ним работаю.

这是安东。我和他在一起工作。

§ кем 是 кто 的第五格。

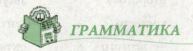
ГРАММАТИКА

## 1. 日期的表示法

某年某月某日一起表示时，俄语和汉语的语序刚好相反。在俄语中，日期在月份之前，月份在年份之前。年、月、日同时指出时，年份必须用第二格表示，月份也用第二格，而日期则必须视情形而定。本课中，笔者先介绍日期与月份的用法，至于年份用法，待以后再介绍。

某月某日(号)中的某日(号)是利用序数词来表示，不过，表达的方式有两种。第一种方式，是表示"是哪一天"或是"是几号"的意义时，用序数词的中性加上 число(号，数目)的单数第一格形式表达，它后面的月份则用第二格形式表达，不过，число 一词只在表示"是几号？"的问句时才使用，其他情况下通常省略。例如：

Какое сегодня число?

今天是几号？

Сегодня шестнадцатое ноября.

今天是 11 月 16 号。

日期的第二种表达方式,是表示"在哪一天(做什么事或发生什么事)"的意义时,用序数词的中性加上 число 的单数第二格形式表达,它后面的月份则用第二格,不过 числа(число 的单数第二格)一词只在表示"在几号?"的问句时才使用,其他情况下则省略。例如:

Какого числа ты поедешь домой?

你要在几号回家?

Я поеду домой двадцать девятого декабря.

我 12 月 29 号回家。

§ 1. 序数词的词尾变化完全和形容词一样,不但性、数、格必须与它后面所修饰的名词一致,而且词尾形态上也和形容词一样。

2. 序数词 третий(第三)和词尾变化与其他序数词不一样。它的词尾变化和具有 -ий 词尾的物主形容词一样,例如:собачий(狗的),第一格变化是 собачий(阳性),собачья(阴性),собачье(中性),собачьи(复数);第二格是 собачьего(阳性、中性),собачьей(阴性),собачьих(复数)。而 третий 的第一格是 третий(阳性),третья(阴性),третье,(中性),третьи(复数);第二格是 третьего(阳性、中性),третьей(阴性),третьих(复数)。

例句:

Вчера было третье мая.

昨天是 5 月 3 日。

Я хочу уехать в Россию третьего августа.

我想在 8 月 3 日到俄国。

### 2. 月份单独使用的表示法

俄语中如果不提日期,仅表示"是某月"时,则月份的名称以第一格形式表达;如果仅表示"在某月",则月份的名称放在前置词 в 的后

面,并以第六格表达。例如:

Теперь июнь

现在是6月。

Я приехал в январе.

我是在1月来的。

各月份的第六格形式如下: в январе, в феврале, в марте, в апреле, в мае, в июне, в июле, в августе, в сентябре, в октябре, в ноябре, в декабре.

### 3. 前置词 с

(1) 前置词 с 如果表示"和、与、随同"(表达参与共同的动作)或"带有"(某事物中含有某物)等意义时,后面名词使用第五格。例如:

Я гуляю с братом.

我和哥哥(弟弟)一起散步。

§ 有关名词第五格的词尾形式,在本书第八课中会进一步介绍。

(2) 前置词 с 如果表示"从……上面,从……地方"的意义时,后面名词须用第二格。例如:

Иван вернулся с завода.

伊凡从工厂回来。

## УПРАЖНЕНИЕ

**1.** 用 с 和人称代词第五格填空。

(1) Я учусь в педагогическом институте, и Антон тоже учится _____.

(2) Она работает в школе, и Анна работает вместе _____.

(3) Инженеры живут в этом доме, и Антон живёт вместе _____.

(4) Разве ты не знаешь этого композитора? Он живёт _____ в одном доме.

(5) Сергей — мой русский друг. Я теперь переписываюсь _____.

(6) Они поедут на концерт. Я тоже хочу пойти _____.

(7) Вот идут Антон и Зина. Я учусь _____ в одном институте.

(8) Мы купили билеты. Ты пойдёшь _____ в кино?

(9) Вы учитесь в университете. И Пётр учится _____?

(10) Это Нина. Я был вчера _____ на концерте.

**2. 将月份、日期的正确用法填入空格中。**

(1) Какое вчера число?

   Вчера было _____. (2月28日)

(2) _____ я был в деревне. (5月3日)

(3) Я вернулся с завода _____. (9月12日)

(4) Сегодня _____. (31日)

(5) Какого числа ты вернулся на Тайвань? _____. (10月10日)

(6) Завтра будет _____. (8月19日)

(7) В Париже обычно холодно _____. (1月)

(8) Они поедут на юг _____. (6月2日)

(9) У Наташи родилась дочка _____. (12月24日)

(10) В Москве бывает жарко _____. (7月)

(1) вре́мя 时间, 时代
(2) вспо́мнить 想起
(3) исполня́ть 表演
(4) клуб 俱乐部
(5) компози́тор 作曲家
(6) конце́рт 音乐会; 协奏曲
(7) монтёр 电工
(8) передава́ть 转达, 播放
(9) пога́снуть 熄灭
(10) поду́мать 想
(11) профе́ссор 教授
(12) худо́жественная самоде́ятельность 业余文娱活动
(13) свет 光线, 灯光
(14) спосо́бный 有才华的
(15) ста́рый 老的, 旧的
(16) сча́стье 幸福, 幸运
(17) тако́й 这样的
(18) худо́жественный 艺术的

# УРОК 8

## С КЕМ ОСТАВИТЬ РЕБЁНКА?

У Веры и Антона есть маленький сын. Помните, все соседи думали, как назвать ребёнка. Конечно, назвали его совсем не так, как советовали знакомые. Мальчика зовут Валерий, Валерка. Сейчас Валерка уже ходит в детский сад. Но когда Вера и Антон идут вечером в театр или в гости, они каждый раз думают, с кем оставить ребёнка.

Один раз решили оставить мальчика с соседкой. Вера купила фрукты, и торт. Но к соседке пришла её подруга с мужем. Вера и Антон пригласили и подругу, и её мужа к себе домой.

Вера волновалась, всё время звонила домой, спрашивала, спит ли Валерка. Конечно, Валерка не спал.

В следующий раз Вера и Антон пошли в гости с Валеркой. Всем было весело и интересно: пели, играли, смотрели телевизор. Но в 9 часов уже нужно было идти домой — Валерке нужно было спать.

Скоро Новый год. Вера и Антон хотят пойти в гости.

# 第八课

## 该把小孩交代给谁呢？

薇拉与安东有一个小男孩。你们记得吧，所有邻居曾想过，该如何为这个小孩取名字。当然，他取的名字完全和朋友建议的不一样。小男孩就叫瓦列里，或是瓦列尔卡。现在瓦列尔卡已经上幼儿园了。但是当薇拉和安东晚上去剧院或去做客时，他们每次都要想想，该把小孩留给谁。

有一次他们决定把小男孩留给一个女邻居。薇拉买了水果、大蛋糕。但是女邻居的一个女友及先生来找她。薇拉与安东也把她的女友及其丈夫邀请到家里来。

薇拉很担心，一直打电话回家问瓦列尔卡有没有睡觉。当然，瓦列尔卡没有睡。

又有一次，薇拉与安东带着瓦列尔卡一起去做客。大家都很愉快，并且都很起劲：唱歌、玩耍、看电视。但是到九点时，就已经得回家了，因为瓦列尔卡要睡觉。

新年很快要到了。薇拉与安东想要去做客。但是该把瓦

Но с кем оста́вить Вале́рку? Их сосе́д Васи́лий Никола́евич сказа́л:

— Позвони́те в бюро́ до́брых услу́г.

— Куда́?

— Как! ? Вы не зна́ете, что тако́е бюро́ до́брых услу́г? Позвони́те туда́ и скажи́те, что у вас есть ма́ленький ребёнок и вы хоти́те ве́чером пойти́ в теа́тр и́ли в го́сти. Придёт де́вушка и́ли пожила́я же́нщина, и вы оста́вите с ней Вале́рку.

— Пра́вда? Прекра́сно! Ве́рочка, мы идём в го́сти встреча́ть Но́вый год!

## ДАВАЙТЕ ПОГОВОРИМ

1. — Ва́ля, что ты де́лаешь?
   — Мне ску́чно, и я смотрю́ телеви́зор.
   — Не хо́чешь пойти́ с на́ми в теа́тр.
   — Коне́чно, хочу́.

2. — Ви́ктор, с кем ты говори́л по телефо́ну?
   — С Бори́сом. Он спроси́л, не хочу́ ли я пойти́ сего́дня с ним в кино́. У него́ есть биле́ты.
   — А како́й фильм?
   — "Га́млет".

列尔卡留给谁呢？他们的邻居瓦西里·尼古拉耶维奇说了：

"你们就打电话给家庭服务站吧。"

"打到哪里？"

"怎么!? 你们不知道什么是家庭服务站？你们打电话到那里，并且告诉他们，你们有小孩子，而你们晚上想去剧院或做客。那就会有女孩子或是上年纪的妇女来，那你们就可以把瓦列尔卡留给她。"

"真的？那太好了！薇拉奇卡(薇拉的昵称)，我们这就去做客迎接新年吧！"

1. —瓦妮亚，你在做什么呢？
   —我很无聊，我在看电视。
   —你想不想和我们去剧院呢？
   —当然，想去！

2. —维克多，你在和谁通电话？
   —和鲍利斯。他问我今天想不想和他去看电影。他有票。
   —什么片子呢？
   —《哈姆雷特》。

— Если ты не видел, пойти обязательно.

3. — Давай пригласим на Новый год Олега.
— Ему будет скучно с нами.
— А мы пригласим ещё Таню. Будем танцевать, слушать музыку, всем будет весело.
— Ну что ж, давайте встречать Новый год вместе с Олегом и Таней.

4. — Я слушаю!
— Олег? Здравствуй, это Наташа.
— Здравствуй, Наташа.
— Олег, где ты встречаешь Новый год?
— Я ещё не решил. А что?
— Мы хотим встречать Новый год дома. Приходите к нам с Таней.
— Спасибо. Придём обязательно.

## ВЫРАЖЕНИЯ

(1) всё время
(2) Новый год
(3) бюро добрых услуг
(4) пойти в гости
(5) каждый раз
(6) в следующий раз
(7) один раз
(8) ну что ж...

—如果你没看过,一定要去。

3. —让我们邀请奥列格来过新年吧。
   —他跟我们在一起将会无聊的。
   —我们还将邀请塔妮亚。我们将跳舞、听音乐,大家将会很高兴的。
   —那么,就和奥列格与塔妮亚一起迎接新年吧。

4. —喂?(我在听!)
   —奥列格吗?你好,这是娜塔莎。
   —你好,娜塔莎。
   —奥列格,你将在哪里过新年呢?
   —我还未决定,什么事呢?
   —我们想在家里过新年,你就和塔妮亚到我们家里来吧。
   —谢谢,我们一定来。

### 惯用语

(1) 始终,一直　　　(2) 新年
(3) 家庭服务站　　　(4) 去做客
(5) 每次　　　　　　(6) 下一次
(7) 有一次　　　　　(8) 那么好吧

## ПРИМЕЧАНИЯ

### 1. Вале́рий 与 Вале́рка

其实 Вале́рий 和 Вале́рка 是同一个名字，因为 Вале́рий（瓦列里）是正式的名字，它的简称（或小名）是 Вале́ра，昵称（或爱称）是 Вале́рочка，而鄙称则是 Вале́рка（瓦列尔卡）。不过，本课文中，Вале́рка 虽然是鄙称，其实却是对小孩子表示亲昵的称呼方式。有关俄国人的名字，详情可见本书第二课的注释。

### 2. спать（未完成体）与 пригласи́ть（完成体）

спать（睡觉）的现在式：

| Я сплю | Мы спим |
| Ты спишь | Вы спи́те |
| Он спит | Они́ спят |

пригласи́ть（邀请）的将来式：

| Я приглашу́ | Мы пригласи́м |
| Ты пригласи́шь | Вы пригласи́те |
| Он пригласи́т | Они́ приглася́т |

### 1. 名词第三格 + ве́село：……觉得快乐。

| Анто́ну |  | ве́село. |
| Анто́ну | бы́ло | ве́село. |
| Анто́ну | бу́дет | ве́село. |

Максиму весело.

马克西姆觉得快乐。

Антону скучио.

安东觉得无聊。

### 2. 前置词 с + 明词第五格

с кем？（和谁？）
- с братом
- со строителем
- с сестрой
- с Аней

С кем вы говорите по телефону?

您和谁在电话里讲话呢？

С Аней.

和安妮。

§ 前置词 с 和 строителем（建筑人员第五格）一起使用时，由于 с 是辅音，而 строителем 的前三个字母也是辅音，四个辅音在一起不好发音，为了方便发音，于是 с 写做 со。

## ГРАММАТИКА

### 1. 谓语副词所构成的无人称句

无人称句是俄语中广泛使用的一种句子形式。所谓无人称句就是没有主语，也不可能有主语的句子。在俄语中，若以名词或代词为主语，则名词或代词必须是第一格的形式。因此，无人称句中，既然没有主语，也就不可能有名词或代词的第一格出现。在很多无人称句中，行为主体常常由第三格的名词或代词表示。

而构成无人称句谓语的方式很多,本书第二、三课中,曾介绍以否定词或否定结构所构成的无人称句,第四课中,介绍以 можно 等表示"应该"、"可能"、"必须"等情态的谓语副词构成的无人称句。本课中,将对构成无人称句的谓语副词再做进一步的介绍。俄语中,有些副词表示各种静止的状态和应该(不应该)、能够(不能够)等情态意义,可作为无人称句的主要成份。这些副词称作"谓语副词"。谓语副词可表达不同的意义:

(1) 表示人的感觉和心理状态。例如:

| хо́лодно | (冷) | жа́рко | (热) |
| тепло́ | (温暖) | ве́село | (愉快) |
| ску́чно | (寂寞) | интере́сно | (有趣) |
| тру́дно | (困难) | тяжело́ | (沉重) |

(2) 表示自然现象和周围环境。例如:

| светло́ | (明亮) | темно́ | (黑暗) |
| ти́хо | (安静) | шу́мно | (吵杂) |

(3) 表示应该、必须和可能等情态意义。包括 ну́жно, мо́жно, на́до, необходи́мо, невозмо́жно, возмо́жно, нельзя́ 等,这些词在第四课中已介绍过。

(4) 表示其他意义。例如:

| жаль | (可惜) | пора́ | (该是……时候了) |
| слы́шно | (听得见) | ви́дно | (看得见) |

**2. 谓语副词的用法**

(1) 谓语副词做无人称句的主要成分,句中无主语,若有必要时,状态的主体用第三格形式表达。

На у́лице ти́хо.

街上很静。

Мне скучно.

我觉得无聊。

（2）有的谓语副词可和动词不定式连用，共同做无人称句的主要成分。

Мо́жно войти́?

可以进来吗？

Нам пора́ ити́ домо́й.

我们该是回家的时候了。

（3）谓语副词构成无人称句，若表示过去式时，可用 бы́ло 表达，若表示将来式可用 бу́дет 表达。

На у́лице бу́дет ти́хо.

街上将会很静。

Нам бы́ло ве́село вчера́.

昨天我们觉得很快乐。

### 3. 名词单数第五格的词尾变化

| 格 \ 性 | 阳　性 | | | 阴　性 | | | 中　性 | |
|---|---|---|---|---|---|---|---|---|
| 单数一格 | 硬辅音 | й | ь | а | я | ь | о | е |
| 单数五格 | ом | ем | ем / ём | ой | ей / ёй | ью | ом | ем |

§ 1. 以 –ь 结尾的阳性名词，如果单数第五格时，重音在词尾，则为 –ём；如果重音不在词尾，则为 –ем。例如：слова́рь（字典）的第五格是 словарём；而 портфе́ль（公文包）的第五格是 портфе́лем。

2. 阴性名词以 –а 结尾，它的单数第五格是 –ой，也可写成 –ою；

以-я 结尾的阴性名词,第五格是-ей,也可写成-ею。另外,以-я 结尾的阴性名词第五格时,重音在词尾,则写成-ёй(或-ёю)。

例如：

неде́ля（星期）—— неде́лей

семья́（家庭）—— семьёй

3. 如果阳性名词单数第一格是以嘘音 ж,ш,щ,ч)或 ц 结尾,而它们是单数第五格时,重音在词尾,则词尾是-ом,如果重音不在词尾,则为 -ем。如：

нож（刀子）—— ножо́м

муж（丈夫）—— му́жем

4. 阴性名词单数第一格时,如果以-жа,-ша,-ща,-ча 或-ца 结尾,而单数第五格时,如果重音在词尾,则词尾是-о́й,如果重音不在词尾,则为-ей。如：

душа́　　　　（心灵）　　　—— душо́й

учи́тельница（女老师）　　—— учи́тельницей

крановщи́ца（起重机女司机）—— крановщи́цей

## УПРАЖНЕНИЯ

**1. 填空**

(1) _____ (Иван) скучно?

　　Нет, _____ (он) совсем не скучно.

(2) _____ (Вы) было весело смотреть новый Фильм?

(3) _____ (Они) будет весело на концерте.

(4) _____ (Антон и Нина) было интересно смотреть футбол.

(5) _____ (Мы) будет интересно поехать в Моску.

(6) _____ (Ты) не холодно?

(7) _____ (Я) можно курить здесь?

(8) _____ (Она) пора итти домой.

(9) _____ (Брат и сестра) скучно дома?

　　　Да, _____ (они) скучно.

(10) _____ (Вера) скучно смотреть футбол.

(11) _____ (Аня) не трудно говорить по-английски.

(12) _____ (Учитель) трудно понять меня.

2. 填空

(1) Вы познакомились с _____ (Москва)?

(2) Виктор говорит по телефону с _____ (друг).

(3) Лариса пошла в кино с _____ (Зина).

(4) Максим любит играть в шахматы с _____ (Аня).

(5) Я говорю по-русски с _____ (учительница).

(6) Он всё время танцевал с _____ (Валя).

(7) Вам чёрное кофе или с _____ (молоко)?

(8) Я иду в кино с _____ (брат).

(9) Анна работает вместе с _____ (сестра).

(10) Нина учится с _____ (Иван).

СЛОВАРЬ

(1) бюро́ 局,处,所
(2) ве́село 愉快地
(3) вме́сте 一起
(4) встреча́ть — встре́тить 迎接,会面
(5) год 年,岁
(6) гость 客人
(7) до́брый 好的,善良的
(8) но́вый 新的
(9) ка́ждый 每一个
(10) по́мнить 记得
(11) спать 睡觉
(12) приглаша́ть — пригласи́ть 邀请
(13) раз 次
(14) реша́ть — реши́ть 解决,决定
(15) ску́чно 无聊
(16) оставля́ть — оста́вить 留下,保留
(17) сле́дующий 下一个
(18) услу́га 服务,帮助

# УРОК 9

## НАША КЛАВА — ДЕПУТАТ ПАРЛАМЕНТА

Сего́дня вся четвёртая кварти́ра ждёт го́стя. С Да́льнего Восто́ка приезжа́ет Кла́вдия Петро́вна — мла́дшая сестра́ А́нны Петро́вны.

Кла́вдия Петро́вна — депута́т парла́мента Росси́и. Кла́вдия Петро́вна — так зову́т её то́лько на рабо́те. Знако́мые и друзья́ зову́т её Кла́ва, потому́ что она́ ещё молода́я же́нщина.

Ива́н Ива́нович ча́сто говори́т:

– Поду́мать то́лько! Кла́ва — депута́т парла́мента. Впро́чем, у неё всегда́ был реши́тельный хара́ктер. Реши́ла пое́хать на Да́льний Восто́к — и пое́хала. Реши́ла стать крановщи́цей — и ста́ла.

– Кла́вочка, ско́лько вре́мени ты уже́ рабо́таешь на Да́льнем Восто́ке?

– Четы́ре го́да, — улыбну́лась Кла́ва.

– А по́мните, как Кла́ва пое́хала на Да́льний Восто́к? — сказа́ла А́нна Петро́вна. — В шко́ле Кла́ва учи́лась

## 第九课

### 我们的克拉娃是议会代表

今天整个4号公寓的人都在等待一位客人。克拉芙季雅·彼得洛芙娜,也就是安娜·彼得洛芙娜的妹妹,要从远东来到这儿。

克拉芙季雅·彼得洛芙娜是俄罗斯的议会代表。克拉芙季雅·彼得洛芙娜——也只有在工作的场合大家才这样称呼她。熟人和朋友都称她克拉娃,因为她还是一个年轻女士。

伊凡·伊凡诺维奇常说:

"真难以想像,克拉娃是个议会代表。不过,她一直有坚定的个性。决定了要到远东去,就去了。决定了要做个起重机司机,就做了。"

"克拉芙奇卡,你在远东工作多久了?"

"四年了。"克拉娃微笑地说着。

"你们还记得吗?克拉娃是怎么到远东去的?"安娜·彼得洛芙娜说着。"在学校里,克拉娃读书读得很出色,并且盼望

прекрасно и мечтала поехать на Дальний Восток. Говорила, что надо знать свою страну, что ей там будет интересно работать.

— И мне действительно интересно жить на Дальнем Востоке, — говорит Клава, — и крановщицей работать интересно. Работаю и вижу весь город. А сейчас я учусь в институте на вечернем отделении и скоро буду инженером-строителем.

— Клавочка, расскажи, как ты стала депутатом, — спрашивает Зина. — Ведь ты ещё такая молодая!

— Ну, в нашем городе все молодые. И город наш молодой.

## ДАВАЙТЕ ПОГОВОРИМ

1. Кем быть?
   — Ваш сын будет учиться в институте?
   — Он говорит, что можно и учиться, и работать. Он хочет работать монтёром.
   — А кем он станет потом?
   — Он хочет быть инженером, как дедушка.

2. — Познакомьтесь, пожалуйста, это моя дочь.
   — Как? Это ваша дочь? Такая взрослая! Подумать

到远东去。她说,应该认识自己的国家,在那里工作会很有意思的。"

"而我确实在远东过得很有意思,"克拉娃说,"并且当个起重机司机也很有意思。我是一面工作,一面观看整个城市,而现在我在技术学院的夜间部求学,很快就会成为建筑工程师。"

"克拉芙奇卡,说说看,你是怎么当上议会代表的?"吉娜问到。"看看你还这么年轻啊!"

"嗯,在我们城里大家都很年轻。连我们城市都是年轻的。"

会 话

1. 要做个什么样的人?
   ——您的儿子将要在技术学院读书吗?
   ——他说,可以边读书,边工作。他想当电工。

   ——那么他以后要做个什么样的人?
   ——他要当工程师,就和祖父一样。

2. ——请你们来认识一下,这是我的女儿。
   ——怎么?这是您的女儿?这么大了!真想不到,您有这么

то́лько, у вас уже́ взро́слая дочь!
— Да, в э́том году́ конча́ет шко́лу.
— Кем же вы хоти́те стать?
— Я хочу́ быть врачо́м, а па́па и ма́ма хотя́т, что́бы я ста́ла учи́тельницей.

3. — Вас мо́жно поздра́вить? Вы тепе́рь депута́т парла́мента!
— Спаси́бо.
— Говоря́т, что вы ско́ро е́дете в Москву́?
— Да, во вто́рник.
— У меня́ к вам про́сьба, купи́те мне, пожа́луйста, одну́ кни́гу.
— Коне́чно, коне́чно, Мари́я Петро́вна. Скажи́те то́лько, как называ́ется э́та кни́га.
— Я напишу́ вам... Вот, пожа́луйста.
— О́чень хорошо́, обяза́тельно куплю́.

4. — Са́ша, здра́вствуй!
— Здра́вствуй, я тебя́ давно́ не ви́дел.
— А я тепе́рь живу́ на да́льнем Восто́ке.
— Как ты там живёшь?
— Там о́чень интере́сно — хоро́шие лю́ди, интере́сная рабо́та.

大的女儿！
—是啊,今年她就要从中学毕业。
—你想做什么样的人呢?
—我想当医生。而爸爸和妈妈想让我当老师。

3. —可以向您恭喜了吗? 您现在可是议会代表了!

—谢谢。
—据说,您很快就要去莫斯科?
—是的,星期二走。
—我有件事要拜托您,请您帮我买本书。

—当然,当然可以,玛丽亚·彼得洛芙娜。您只要告诉我这本书叫什么就可以。
—我这就写给您……这给您。
—好极了,一定买到。

4. —萨沙,你好!
—你好,我很久没有看到你了。
—我现在住在远东。
—你在那儿生活过得如何?
—那里很有意思,有很好的人,还有很有意思的工作。

## ВЫРАЖЕНИЯ

(1) ста́рший брат
    ста́ршая сестра́
    мла́дший брат
    мла́дшая сестра́

(2) Да́льний Восто́к

(3) Поду́мать то́лько!

(4) У меня́ к вам про́сьба.

### 惯用语

(1) 哥哥
    姐姐
    弟弟
    妹妹
(2) 远东
(3) (对于不寻常,很特别,奇怪的事表示惊叹)真难想像,真想不到,真了不起!
(4) 我对您有个请求。

# ПРИМЕЧАНИЯ

**1. ждать(等候)与 стать(成为)的动词变化**

（1）ждать(未完成体)的现在式

| я жду | мы ждём |
| ты ждёшь | вы ждёте |
| он ждёт | они ждут |

（2）стать(完成体)的将来式

| я ста́ну | мы ста́нем |
| ты ста́нешь | вы ста́нете |
| он ста́нет | они ста́нут |

**2.** Кла́вдия 是俄国女性名字，Кла́ва 是其简称，Кла́вочка 则为其爱称。

**3.** 苏联建立于1917年，1991年8月，组成苏联的15个共和国相继宣告独立，1991年底，苏联解体，于是"苏联"(Советский Сою́з)，或"苏维埃社会主义共和国联邦"(Сою́з Сове́тских Социалисти́ческих Респу́блик，简称 СССР)也成为历史名词。同时由原苏联的11个共和国，组成较为松散的"独立国家联合体"(Содру́жество Незави́симых Госуда́рств)，或简称为"独联体"。

另外，立陶宛、拉托维亚、爱沙尼亚与格鲁吉亚四个共和国，到目前为止，仍未加入独联体。前三个位于波罗的海的共和国已表示不参加，而格鲁吉亚有可能加入独联体，因此1992年2月14日，在白俄罗斯共和国首都明斯克举行的独联体高峰会议，格鲁吉亚仍派观察员参加。

原苏联的最大共和国"俄罗斯苏维埃联邦社会主义共和国"(Росси́йская Сове́тская Федерати́вная Социалисти́ческая Респу́блика，简称 РСФСР)，改名为"俄罗斯联邦"(Росси́йская федерация),1992 年又正式定名为俄罗斯(Россия)。

在苏联时代,国家最高立法机构称为"最高苏维埃"(Верховный совет),参加这项机构的代表称为"最高苏维埃代表"(депутат верховного совета)。戈尔巴乔夫总统于 1989 年的政经改革中,创设"人民代表大会"(Съезд народных депутатов),由人民选出的"人民代表"或称"人代会代表"(народный депутат)组成,一年开会两次,成为苏联最高立法机构。不过另由人代会代表中,再选出最高苏维埃代表,组成最高苏维埃,成为人代会的经常性机构。

1991 年 12 月 25 日,俄罗斯苏维埃联邦社会主义共和国最高苏维埃决定,将国家正式名称改为"俄罗斯联邦"(Российская Федерация),简称俄罗斯(Россия)。1993 年 12 月 12 日通过俄罗斯独立后的第一部宪法,它规定俄罗斯是共和制的民主联邦法制国家,确立了总统制的国家领导体制。国家最高立法机构改为俄罗斯联邦会议(Федеральное Собрание),由上院联邦委员会(Совет Федерации)和下院国家杜马(Государственная Дума)组成,每届任期 4 年。按照西方的说法,又将上院和下院统称为议会 (парламент),议会代表称为депутат парламента。

### 1. Быть 的将来式或过去式 + 名词第五格:表示"是……,做……"

| Антон | | инженер. |
| Антон | будет | инженером. |
| Антон | был | инженером. |

Кто он? (他是谁?)
Он инженер. (他是工程师。)

Кем она́ бу́дет?　　（她将做什么？）
Она́ бу́дет врачо́м.　（她将是医生。）

Кем ты был?　　　（你做过什么？）
Я был учи́телем.　　（我做过老师。）

§　1. кем 是 кто 的第五格。
　　2. быть 的将来式是：бу́ду, бу́дешь, бу́дет, бу́дем, бу́дете, бу́дут。
　　　它的过去式是：был, была́, бы́ло, бы́ли。

2. **Стать** + 名词第五格：表示"成为……"

Я хочу́ стать архите́ктором.
我想成为建筑师。
Он стал фи́зиком.
他成了物理学家。
Она́ ста́нет студе́нткой.
她将成为大学生。

3. **Рабо́тать** + 句词第五格(人)：表示"担任……工作"

Кем Анто́н рабо́тает?
安东担任什么工作呢？
Он рабо́тает монтёром.
他担任电工的工作。

## ГРАММАТИКА

### 1. 名词第五格的用法

在前一课中,已经介绍了名词单数第五格的词尾变化。本课中,则介绍不带前置词的名词第五格的用法。

名词第五格,原名"工具格"(твори́тельный паде́ж),有的语法书称之为"造格"。名词第五格最常见的用法之一,是表示动作或行为的工具,这也是第五格称为"工具格"的原因。

例如:

Я пишу карандашо́м.

我用铅笔写。(铅笔作为写字的工具,所以用第五格表示。)

Я ем суп ло́жкой.

我用汤匙喝汤。

Мы режем мясо ножо́м.

我们用刀子切肉。

不过,名词第五格不仅狭义地表示行为的"工具",也可广义地表示在进行某种行为时"所有的东西",而这东西可以是具体的,也可以是抽象的。

Утром я умыва́юсь холо́дной водо́й.

早上我用冷水洗脸。

### 2. 名词第五格与联系动词一起使用

名词第五格的另一种常见的用法,是与 быть(是、做),стать(成为)等联系动词配合使用,常用来表示"身份、联系、角色"等。例句可参考前面的句型练习(1)、(2)。

不过,быть 的现在式是 есть,在句中一般都省略,而作谓语用的

名词一般用第一格,如:

Я студе́нт. （我是大学生。）

Ива́н инжене́р. （伊凡是工程师。）

至于 быть 的其他情况,包括:将来式、过去式或不定式,则后面的名词要用第五格。如:

Мой брат хо́чет быть компози́тором.

我的兄弟想要做作曲家。

其他要求名词第五格的联系动词还有:явля́ться （是）, оста́ться（仍然是）, каза́ться（好像是）, оказа́ться（原来是）等。

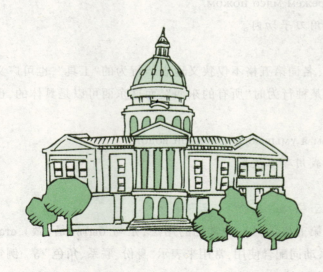

# УПРАЖНЕНИЯ

1. 以 быть 的将来式和过去式造句。

   例：*Виктор — физик.*
   → *Виктор будет физиком.*
   → *Виктор был физиком.*

   (1) Отец Ани — шофёр.
   (2) Анна Петровна — учительница.
   (3) Дедушка Маши — инженер-строитель.
   (4) Бабушка Вадима — архитектор.
   (5) Мама Зины — крановщица.
   (6) Татьяна — студентка.

**2.** 以括号中的名词回答以下问句。

**例:** *Кем станет ваш сын через 3 года?* (студент)
→ *Он станет студентом.*

(1) Кем вы станете, когда кончите институт? (врач)
(2) Кем хочет стать Лариса? (учительница)
(3) Кем стала Зина, когда она кончила институт? (физик)
(4) Кем работает Клава? (крановщица)
(5) Кем работала Нина? (стюардесса)
(6) Кем был Иван Иванович? (монтёр)
(7) Кем Максим хочет быть? (профессор)
(8) Кем Виктор станет? (учитель)
(9) Кем ты будешь? (композитор)
(10) Кем Нина была? (инженер)

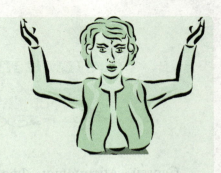

(1) восто́к 东方
(2) впро́чем 不过
(3) да́льний 遥远的
(4) ждать 等候
(5) же́нщина 女人
(6) крано́вщица 女起重机司机
(7) мла́дший 年纪较小的
(8) поду́мать 想
(9) парла́мент 国会,议会
(10) про́сьба 请求
(11) реши́тельный 坚决的
(12) росси́йский 俄罗斯的
(13) ста́рший 年纪较大的
(14) ста́ть 成为
(15) страна́ 国家
(16) федера́ция 联邦
(17) хара́ктер 性格
(18) депута́т 代表,议员
(19) взро́слый 成年的;成年人

# УРОК 10

## СИГНАЛЫ ИЗ КОСМОСА

Сергей Антонович Фролов из двадцать восьмой квартиры был самым обыкновенным человеком. Когда соседи спрашивали: "Как дела?", он отвечал: "Нормально". Всё в его жизни было нормально и обыкновенно. Каждое утро Сергей Антонович завтракал и шёл на работу. Каждый вечер и каждое воскресенье он проводил дома. Я забыл сказать, что Фролов был радиолюбителем, и очень хорошим радиолюбителем.

Но четвёртого октября 1957 года, когда все узнали, что первый советский спутник в космосе, Фролов принял сигналы из космоса. Да, это "бип-бип-бип", которое теперь знают все. Фролов очень обрадовался и послал телеграмму в Академию наук СССР. Скоро все узнали о Фролове. Когда я вечером разговаривал по телефону с моим старым другом, который живёт в Новосибирске, он тоже знал о Фролове.

Через неделю Фролов получил письмо из Академии

# 第十课

## 来自太空的信号

28号公寓的谢尔盖·安东诺维奇·弗洛罗夫是个最平常不过的人了。当邻居问他:"近况如何?"他回答:"正常。"他生活中一切都很正常并且平凡。每天早晨,谢尔盖·安东诺维奇吃了早餐,就去上班。每个晚上及每个星期天,他都在家度过。我还忘了说,弗洛罗夫是个无线电爱好者,而且还是个非常出色的无线电爱好者。

1957年10月4日,当大家得知,苏联第一颗人造卫星遨游太空时,弗洛罗夫已收到了来自太空的信号。不错,这就是现在大家都知道的"哔——哔——哔"的信号声。弗洛罗夫非常高兴,于是发了一封电报给苏联国家科学院。很快地所有人都知道了弗洛罗夫。晚上当我和住在新西伯利亚的老朋友在电话中聊天时,他也知道了弗洛罗夫。

一个星期后,弗洛罗夫接到科学院的一封信:"最敬爱的

наук: "Многоуважа́емый Серге́й Анто́нович! Благодари́м Вас за телегра́мму. Поздравля́ем Вас... жела́ем дальне́йших успе́хов..."

Мы все о́чень горди́мся, что в на́шем до́ме живёт тако́й необыкнове́нный челове́к. И тепе́рь во дворе́ говоря́т о Серге́е Анто́новиче то́лько так: "Это Фроло́в, кото́рый при́нял сигна́лы из ко́смоса".

## ДАВА́ЙТЕ ПОГОВОРИ́М

1. — Ба́бушка, ба́бушка, иди́ сюда́!
   — Что случи́лось?
   — Смотри́, э́то Серге́й Анто́нович из 28-й (два́дцать восьмо́й) кварти́ры!
   — Действи́тельно! А почему́ его́ по телеви́зору пока́зывают?
   — Сейча́с сказа́ли, что он пе́рвый при́нял сигна́лы из ко́смоса.

2. — Я хочу́ отпра́вить авиаписьмо́. Скажи́те, пожа́луйста, ско́лько сто́ит ма́рка?
   — 35 (три́дцать пять) копе́ек.
   — Да́йте мне, пожа́луйста, одну́ ма́рку за 35 копе́ек и одну́ — за 5 (пять).

谢尔盖·安东诺维奇！我们感谢您的电报。我们祝贺您……祝您有更进一步的成就……"

在我们这栋楼房中，住着一个这样不平凡的人，我们都感到很骄傲。现在院子里的人都这样谈论谢尔盖·安东诺维奇："这就是接收到从太空发来信号的弗洛罗夫。"

1. —奶奶，奶奶，到这儿来！
   —什么事情？
   —你看看，这就是28号公寓的谢尔盖·安东诺维奇。

   —确实是他！他怎么会上电视呢？

   —刚刚人家说，他是第一个接收到从太空发来的信号。

2. —我想寄一封航空信。请问，邮票要多少钱？

   —35戈比。
   —请给我一张35戈比的邮票，和一张5戈比的邮票。

– 40 (со́рок) копе́ек.

– Пожа́луйста. Спаси́бо.

3. Как мы пи́шем пи́сьма:

Уважа́емая А́нна Петро́вна!

Вся на́ша семья́ поздравля́ет Вас с Но́вым го́дом. Наш сын учи́лся у Вас 5 лет. Сейча́с он уже́ студе́нт, ско́ро бу́дет инжене́ром. Вы бы́ли его́ люби́мой учи́тельницей, и он ча́сто вспомина́ет шко́лу, Вас. Все мы счита́ем Вас са́мым дороги́м челове́ком.

Жела́ем Вам дальне́йших успе́хов в Ва́шей рабо́те.

С уваже́нием Фёдоровы.

29/XII–91 г.

4. Дорога́я Зи́на!

Пишу́ тебе́ уже́ из Новосиби́рска. Ты зна́ла, что я давно́ мечта́л об э́том дне — за́втра мы начина́ем рабо́ту. Мы — э́то Ива́н Петро́вич, И́горь, я и Ле́ночка. Все мы больши́е друзья́. Как всё хорошо́! Осо́бенно хорошо́, что Ле́ночка здесь. Домо́й я прие́ду то́лько о́сенью. Как ма́ма и па́па? Как твои́ дела́ в институ́те? Пиши́. Жду твоего́ письма́.

Целу́ю. Ю́ра.

15 апре́ля 1992 го́да.

——40戈比。

——这钱给您,谢谢。

3. 我们怎么写信:

  敬爱的安娜·彼得洛芙娜!

    我们全家祝您新年好!我们的儿子在您那儿学习了5年。现在他已经是个大学生,不久以后将会是工程师。您是他最爱戴的老师,他也常常想起母校,想起您。我们大家都把您当做是最亲爱的人。

    祝您在工作上有进一步的成就。

费得洛夫全家敬上<br>1991. 12. 29

4. 亲爱的吉娜!

    我已经是在新西伯利亚给你写信了。你知道我盼望这一天好久了:明天我们就要开始工作了。我们就是伊凡·彼得诺维奇、伊戈尔、我以及列娜奇卡。我们大家都是很好的朋友。这一切都是多么美好啊!尤其美好的是,列娜奇卡也在这儿。我要到秋天才回家。妈妈和爸爸怎样?你在技术学院的近况如何?来信吧。我等候你的来信。

亲吻你<br>尤拉<br>1992年4月15日

## ВЫРАЖЕНИЯ

(1) Акаде́мия нау́к

(2) Как дела́?

(3) Как ма́ма и па́па? = Как живу́т ма́ма и па́па?

### 惯用语

(1) 科学院
(2) 近况如何？
(3) 妈妈和爸爸近况如何？

## ПРИМЕЧАНИЯ

1. 在俄文书信中,或其他书面形式中,对于人称代词第二人称复数 вы(从第一格至第六格),以及物主代词第二人称复数 ваш(从第一格至第六格)有时为表示特别尊敬之意,无论他们是否出现在句首,都可将它们的第一个字母大写。例如:

    Благодарю́ Вас за пода́рок.

    感谢您送来的的礼物。

    Жела́ю Вам успе́хов в Ва́шей Рабо́те.

    祝您在工作上有所成就。

2. 1957 年读做:ты́сяча девятьсо́т пятьдеся́т седьмо́й год,第二格则是 ты́сяча девятьсо́т пятьдеся́т седьмо́го го́да。

    29/XII –91 г 读做:двадцать девя́тое декабря́ ты́сяча девятьсо́т девяно́сто пе́рвого го́да.

    15 апре́ля 1992 го́да 读做:пятна́дцатое апре́ля ты́сяча девятьсо́т девяно́сто второ́го, го́да.

3. 动词 целова́ть(吻)的现在式变化

    | | |
    |---|---|
    | я целу́ю | мы целу́ем |
    | ты целу́ешь | вы целу́ете |
    | он целу́ет | они целу́ют |

## ЗАПОМНИТЕ!

**1. Поздравляю Вас с Новым годом.** (恭贺新年)

поздравлять + （人）第四格 + с + （事）第五格

| Поздравляю<br>Поздравляем | тебя<br>вас<br>Вас | с Новым годом.<br>с Рождеством.<br>с праздником.<br>с днём рождения.<br>с победой.<br>с наградой. | （新年）<br>（圣诞）<br>（佳节）<br>（生日）<br>（胜利）<br>（获奖） |
|---|---|---|---|

**2. Желаю Вам успехов.** (祝您成功)

желать + （人）第三格 + （事）第二格

| Желаю<br>Желаем | тебе<br>вам<br>Вам | успехов.<br>счастья.<br>здоровья.<br>удачи.<br>всего хорошего. | （成功）<br>（幸福）<br>（健康）<br>（顺利）<br>（一切安好） |
|---|---|---|---|

§ 1. "生日"的第一格是 день рождения。

   2. 对于 поздравлять（道贺）与 желать（祝福）的用法，中国学生经常容易混淆。对于即将或已经来临的节日（如：新年、圣诞节、生日、婚礼等），或已经达成的成就（如：比赛获胜、获奖等），表示道贺之意，须用 поздравлять（或完成体 поздравить）的句型。对于尚未发生，并且不一定会发生的好事或成就，或者目前难以达成，但将来不见得能继续拥有的好事或成就，如：成功、幸福、健康等，表示个人的祝福，则须用 желать（或完成体 пожелать）的句型。

3. 在口语与书信当中,可将 поздравлять 与 желать 二种句型简化,例如:将 поздравляю вас 省略,而仅说 С Новым Годом!(新年快乐!),С днём рождения!(生日快乐!);将 желаю 省略,仅说 Успехов тебе!(祝你成功!),或者连人称代词也省略,仅说 Счастья!(祝幸福!),Удачи!(祝顺利!)Всего хорошего!(一切安好!)

## ГРАММАТИКА

### 1. 形容词最高级

性质形容词有原级、比较级和最高级之分。形容词原级即形容词原形,只一般地表示事物的特征,无比较的含义。形容词比较级在一事物与另一事物比较时,表示其特征在程度上的较强或较弱。形容词最高级表示该特征在同类事物中最强。

本课中,先介绍形容词最高级的构成与用法。形容词最高级和形容词原级一样,有性、数、格的变化,使用时要与被说明的名词在性、数、格上一致。

### 2. 形容词最高级的构成

形容词最高级的构成方式,可分单一式和复合式。

(1) 单一式最高级的构成

    (a) 词干以 г,к,х 结尾的形容词,去掉原级的词尾(-ый,ой 或-ий),将 г 改成 ж,к 改成 ч,х 改成 ш,再加上-айший。例如:

        высокий —— высочайший (最高的)

тихий —— тишайший （最静的）

строгий —— строжайший （最严格的）

(b) 词干以 г, к, х 以外的辅音结尾的形容词去掉原级词尾,再加上 -ейший。例如:

старый —— старейший （最老的）

красивый —— красивейший （最美的）

(2) 复合式最高级的构成

形容词原级前面加上 самый, 即构成复合式最高级的形式。例如:

высокий —— самый высокий （最高的）

старый —— самый старый （最老的）

красивый —— самый красивый （最美的）

## 3. 形容词单数第五格词尾变化

(1) 硬变化(以 новый 为例)

| 性<br>格 | 阳 性 | 中 性 | 阴 性 |
|---|---|---|---|
| 第一格 | нов-ый | нов-ое | нов-ая |
| 第五格 | нов-ым || нов-ой |

(2) 软变化(以 синий 为例)

| 性<br>格 | 阳 性 | 中 性 | 阴 性 |
|---|---|---|---|
| 第一格 | син-ий | син-ее | син-яя |
| 第五格 | син-им || син-ей |

§ 形容词硬变化的阴性单数第五格词尾也可写成 -ою；软变化的阴性单数第五格词尾也可写成 -ею。

### 4. 物主代词单数第五格词尾变化

（1）мой（我的）

| 格＼性 | 阳 性 | 中 性 | 阴 性 |
|---|---|---|---|
| 第一格 | мой | моё | моя́ |
| 第五格 | мои́м || мое́й |

（2）наш（我们的）

| 格＼性 | 阳 性 | 中 性 | 阴 性 |
|---|---|---|---|
| 第一格 | наш | на́ше | на́ша |
| 第五格 | на́шим || на́шей |

§ 1. мой 的阴性单数第五格 мое́й，可写成 мое́ю。

2. наш 的阴性单数第五格 на́шей，可写成 на́шею。

3. твой（你的），свой（自己的）的词尾变化与 мой 相同。

4. ваш（您的；你们的）的词尾变化与 наш 相同。

## УПРАЖНЕНИЯ

**1. 将括弧内的词变成所需形式填入空格。**

(1) Я говорил по телефону с _____ (мой старый друг).

(2) Я пойду на концерт со _____ (твой младший брат).

(3) Виктор пойдёт в детский сад со _____ (своя мама).

(4) Максим пойдёт в детский сад со _____ (своя мама).

(5) Олег говорит с _____ (наш первый учитель).

(6) Вадим вчера знакомился с _____ (ваша младшая сестра).

(7) Наш сосед был _____ (известный архитектор).

(8) Виктор будет _____ (хороший врач).

(9) Максим стал _____ (большой серьёзный мальчик).

(10) Аня стала _____ (красивая девушка).

(11) Татьяна была _____ (моя младшая сестра).

(12) Сергей был _____ (самый обыкновенный человек).

**2. 将以下形容词改成单一式与复合式最高级形式。**

(1) прилежный   (2) сильный   (3) старый

(4) древний   (5) простой   (6) великий

(7) богатый   (8) высокий

(1) акаде́мия 研究院
(2) благодари́ть 感谢
(3) вспомина́ть — вспо́мнить 回想
(4) горди́ться 自豪，骄傲
(5) дорого́й 昂贵的；亲爱的
(6) жела́ть 祝福，期望
(7) жизнь 生命，生活
(8) знать — узна́ть 知道
(9) ко́смос 太空，宇宙
(10) ма́рка 邮票
(11) многоуважа́емый 敬爱的
(12) нау́ка 科学
(13) необыкнове́нный 不平常的
(14) норма́льно 正常的
(15) обра́доваться 高兴
(16) обыкнове́нный 平常的

(17) приня́ть  收到，接待
(18) радиолюби́тель  无线电爱好者
(19) са́мый  最
(20) спу́тник  卫星；旅伴
(21) сигна́л  信号
(22) успе́х  成功
(23) у́тро  早晨
(24) целова́ть  吻
(25) дальне́йший  进一步的

# УРОК 11

## ВВЦ
## (ВСЕРОССИЙСКИЙ
## ВЫСТАВОЧНЫЙ ЦЕНТР)

Вчера дедушка и Маша ходили на ВВЦ. Дедушка уже бывал здесь раньше, а Маша была на выставке первый раз.

Когда они дали контролёру билеты, контролёр вдруг сказал:

— Подождите минуточку, пожалуйста.

— Почему? — спросил дедушка.

Контролёр улыбнулся и сказал:

— Вы наш миллионный посетитель! Возьмите, пожалуйста, этот сувенир. А теперь с вами хотят поговорить журналисты.

— Можно задать вам вопросы?

— Пожалуйста, — ответил дедушка.

— Как ваша фамилия?

— Карпов. Николай Денисович Карпов.

— Николай Денисович, вы москвич?

— Нет, я живу в деревне, а в Москву я приехал в

全俄展览中心

昨天祖父和玛莎到全俄展览中心。祖父从前已多次来过这里,而玛莎是第一次来到展览会。

当他们把票给验票员,验票员突然说:

"请稍等一下。"
"为什么?"祖父问道。
验票员微笑着说道:
"您是我们第一百万个参观人!请收下这个纪念品。现在记者们想和您谈谈。"

"可以问您几个问题吗?"
"请吧。"祖父回答。
"您贵姓?"
"卡尔波夫。尼古拉·杰尼索维奇·卡尔波夫。"
"尼古拉·杰尼索维奇,您是莫斯科人吗?"
"不是,我住在乡下,是到莫斯科来做客。我的孩子们住

го́сти. Здесь живу́т мои́ де́ти.

— Вы пе́рвый раз на вы́ставке?

— Коне́чно, нет. Я быва́ю здесь ка́ждый год и́ли с вну́ками, и́ли с друзья́ми.

— Что вам здесь понра́вилось бо́льше всего́?

— Прости́те, что вы сказа́ли?

— Я говорю́, что вам осо́бенно понра́вилось на вы́ставке?

— А! Прекра́сный павильо́н "Ко́смос". И ещё мне о́чень понра́вился павильо́н Акаде́мии нау́к.

— А что вы ска́жете о вы́ставке?

— Я счита́ю, что вы́ставка и интере́сная, и поле́зная. Здесь мо́жно познако́миться с достиже́ниями промы́шленности, нау́ки, се́льского хозя́йства, культу́ры.

— Спаси́бо, Никола́й Дени́сович.

Пото́м журнали́сты разгова́ривали с Ма́шей.

— Как тебя́ зову́т, де́вочка?

— Ма́ша.

— Ма́шенька, ско́лько тебе́ лет?

— Мне пять лет.

— Ты пе́рвый раз на вы́ставке?

— Пе́рвый.

— Тогда́ мы сове́туем тебе́ посмотре́ть игру́шки в э́том павильо́не. Они́ тебе́ понра́вятся. Ещё раз спаси́бо, Никола́й Дени́сович. До свида́ния.

在这儿。"

"您是第一次到展览会吗?"

"当然不是。我每年或者和孙子们,或者和朋友们,都会来到这里。"

"这里您最喜欢的是什么?"

"对不起,您说什么?"

"我说,在这展览会您特别喜欢什么?"

"噢,是很精彩的'太空'展览馆。并且我也很喜欢科学院展览馆。"

"那您对展览会有什么要说的呢?"

"我认为,展览会是既有趣,又有益。在这里可以了解工业、科学、农业、文化的成就。"

"谢谢,尼古拉·杰尼索维奇。"

然后记者们和玛莎交谈。

"你叫什么呢?女孩子。"

"玛莎。"

"玛什尼卡(玛莎的昵称),你几岁?"

"我五岁。"

"你是第一次来展览会?"

"第一次。"

"那我们建议你看看这个展览馆里的玩具。你会喜欢它们的。再一次谢谢了,尼古拉·杰尼索维奇。再见。"

### ДАВАЙТЕ ПОГОВОРИМ

1. – Сколько лет вашему старшему сыну? Он ведь уже взрослый?
   – Да, ему 21 год. Он уже работает.
   – А младшему?
   – Младшему только 5 лет. Он ещё играет в игрушки.

2. – Вы ходили в этом году на ВВЦ?
   – Да, совсем недавно.
   – Что вам там понравилось больше всего?
   – Мне понравился павильон "Космос", а жене — "Сельское хозяйство".

3. Мы обедаем в кафе
   – Дедушка, вот кафе.
   – Ты хочешь есть?
   – Да, хочу.
   – Ну, давай пообедаем здесь... Здесь свободно?
   – Да, пожалуйста.
   – Будьте добры, меню.
   – Вот, возьмите.
   – Что же мы с тобой будем есть?
   – Суп я не хочу. Я буду пирожное и яблоки.
   – Нет, Машенька, суп надо есть обязательно.

## 会 话

1. ——您的大儿子几岁了？他可已经是成年了吧？

   ——是的,他二十一岁。他已经在工作了。
   ——那小儿子几岁呢？
   ——小的只有五岁。他还在玩玩具。

2. ——今年你们去过全俄展览中心吗？
   ——是啊,没多久前去过。
   ——你们最喜欢那里的什么？
   ——我喜欢"太空馆",而太太喜欢"农业馆"。

3. 我们在咖啡厅用餐
   ——爷爷,这就是咖啡厅。
   ——你想吃东西吗？
   ——是啊,我想。
   ——那么好,我们就在这里吃午饭吧……这里是空的吗？
   ——是的,请坐。
   ——劳驾,请给我菜单。
   ——这儿,请拿去吧。
   ——我们到底要吃什么呢？
   ——我不喝汤。我吃小蛋糕和苹果。
   ——不行,玛什尼卡,汤一定要喝。

Официа́нтка:

— Я слу́шаю вас.
— Пожа́луйста, сала́т, два су́па, мя́со...
— Я вам сове́тую взять ры́бу. У нас вку́сная ры́ба.
— Хорошо́, да́йте нам ры́бу. Ещё, пожа́луйста, чёрный ко́фе, чай, пиро́жное. У вас есть фру́кты?
— Есть я́блоки...
— О́чень хорошо́, тогда́ и я́блоки, пожа́луйста.

— Ско́лько с нас?
— Мину́точку... С вас два три́дцать.
— Ско́лько?
— 2 рубля́ 30 копе́ек.
— Вот, пожа́луйста. До свида́ния.
— До свида́ния.

## ВЫРАЖЕНИЯ

(1) бо́льше всего́
(2) бу́дьте добры́ (或 будь добр)

(3) Вон там.
(4) зада́ть вопро́с = спроси́ть

女服务员说：
—我在听您吩咐。
—请给我们沙拉、两份汤、肉……
—我建议您点份鱼。我们这里鱼很好吃。
—好吧，就给我们鱼吧。再来杯咖啡不加牛奶，还有茶、小蛋糕。你们有水果吗？
—有苹果……
—好极了，那再来苹果吧。

—我们该付多少钱呢？
—等一下……你们是两卢布三十戈比。
—多少？
—两卢布三十戈此。
—这给您。再见。
—再见。

## 惯用语

(1) 最
(2) 请，劳驾。(讲话对象是 вы，用 будьте добры；讲话对象是 ты，用 будь добр。)
(3) 就在那儿
(4) 提出问题；发问

# ПРИМЕЧАНИЯ

## 1. друг, брат, дочь, мать 的词尾变化

（1）друг（朋友），брат（兄弟）的复数词尾变化与名词规则变化不同，须特别注意。

| 格＼数 | 单数 | | 复数 | |
|---|---|---|---|---|
| 一 | друг | брат | друзья́ | бра́тья |
| 二 | дру́га | бра́та | друзе́й | бра́тьев |
| 三 | дру́гу | бра́ту | друзья́м | бра́тьям |
| 四 | дру́га | бра́та | друзе́й | бра́тьев |
| 五 | дру́гом | бра́том | друзья́ми | бра́тьями |
| 六 | дру́ге | бра́те | друзья́х | бра́тьях |

（2）дочь（女儿）和 мать（母亲）的单数、复数变化，与名词规则变化都不同，须特别注意。

| 格＼数 | 单数 | | 复数 | |
|---|---|---|---|---|
| 一 | мать | дочь | ма́тери | до́чери |
| 二 | ма́тери | до́чери | матере́й | дочере́й |
| 三 | ма́тери | до́чери | матеря́м | дочеря́м |
| 四 | мать | дочь | матере́й | дочере́й |
| 五 | ма́терью | до́черью | матеря́ми | дочеря́ми |
| 六 | ма́тери | до́чери | матеря́х | дочеря́х |

## 2. 动词 есть（吃）的现在式变化

| я ем | мы еди́м |
|---|---|
| ты ешь | вы еди́те |
| он ест | они едя́т |

§ есть 是"吃"的动词不定式;另外,быть(是)的现在式也是 есть。

1. Ско́лько вам лет? (您几岁?)
   Мне два́дцать лет. (我二十岁。)

| | вам | |
| Ско́лько | Анто́ну | лет? |
| | Ве́ре | |

| | оди́н | |
| Мне | 21 | год. |
| | 2, 3, 4 | |
| Анто́ну | 22, 23, 24 | го́да. |
| | 5... | |
| Ве́ре | 25... | лет. |

说明:1. 俄文中,表示"某人几岁","某人"须用第三格形态表达。
2. "某人几岁"中,"几岁"的用法和"多少年"一样,也就是数词配合名词 год 的用法。如果是一时,因为 год 为阳性,则用 оди́н,二(два)、三、四时,则用 го́да(год 的单数第二格),五至二十则用 лет(год 的复数第二格)。至于二十以上,则视最后一数词而定。

2\. Мне нравится эта девушка.

我喜欢这个女孩。

| | | |
|---|---|---|
| Мне | | она. |
| Ему | нравится | Нина. |
| Нам | | книга. |
| Братьям | | они. |
| Антону | нравятся | Нина и Иван. |
| Вере | | книги. |

说明：若采用 нравиться(喜欢)或者它的完成体动词 понравиться 所构成的句型时，由于俄文对于格的用法与中文的概念相反，中国学生容易混淆，必须注意。例如：中文说"我喜欢她"，则我是主语，她是受词，但是用 нравиться (понравиться) 的俄文句型表达时，则我成为以第三格表达的受词，而她是主语，必须以第一格表达。因此请区分以下两个句子：

Мне нравится она.

我喜欢她。

Ей нравлюсь я.

她喜欢我。

§ 1. нравиться 属于动词现在式的第二式变化，不过，它在主语是 я 时，字尾前须加上"л"，也就是нравлюсь。

2\. 字尾带-ся 的动词，在变化时，如果 ся 前的一个字母是辅音，则用 ся，如果一个字母是元音，则将 ся 改成 сь。

## ГРАММАТИКА

### 名词词尾变化

本套教材从第一册(初级)起到目前为止,已介绍了名词第一格至第六格以及复数第一格的词尾形态。从本课开始,出现名词复数第一格以外的各格,因此本课将名词单、复数一至六格的词尾规则变化全部列出,以供参考。

1. 阳性名词(单数第一格以辅音、й 或 ь 结尾者)辅音结尾者,以стол(桌子),студе́нт(大学生)为例:

| 格 \ 数 | 单 数 | | 复 数 | |
|---|---|---|---|---|
| 一 | стол | студе́нт | столы́ | студе́нты |
| 二 | стола́ | студе́нта | столо́в | студе́нтов |
| 三 | столу́ | студе́нту | стола́м | студе́нтам |
| 四 | стол | студе́нта | столы́ | студе́нтов |
| 五 | столо́м | студе́нтом | стола́ми | студе́нтами |
| 六 | столе́ | студе́нте | стола́х | студе́нтах |

阳性名词以 ь 和 й 结尾者,分别以слова́рь(字典)和геро́й(英雄)为例:

| 格 \ 数 | 单 数 | | 复 数 | |
|---|---|---|---|---|
| 一 | слова́рь | геро́й | словари́ | геро́и |
| 二 | словаря́ | геро́я | словаре́й | геро́ев |
| 三 | словарю́ | геро́ю | словаря́м | геро́ям |
| 四 | слова́рь | геро́я | словари́ | геро́ев |
| 五 | словарём | геро́ем | словаря́ми | геро́ями |
| 六 | словаре́ | геро́е | словаря́х | геро́ях |

§ ① 阳性名词不论是辅音,或 ь 或 й 结尾,也不论是单数或复数,若为非动物名词,则第四格与第一格相同;若为动物名词,则第四格与第二格相同。例:гость(客人)的单数第四格是гостя,复数第四格是гостей;случай(时机)的单数第四格是случай,复数第四格是случаи。

② 以 ь 结尾的阳性名词第五格单数,若重音在词尾为ём,若重音不在词尾,则为ем。

③ 男性名字的简称、昵称大都以 а, я 结尾,如:Саша, Ваня;少数以 а, я 结尾的阳性名词如:дядя(伯父), дедушка(祖父),须按 а, я 结尾的阴性名词,做词尾变化。

2. 阴性名词(单数第一格以 а、я 或 ь 结尾)

а 与 я 结尾者,分别以 комната(房间)与 пуля(子弹)为例:

| 格＼数 | 单 数 | | 复 数 | |
|---|---|---|---|---|
| 一 | ко́мната | пу́ля | ко́мнаты | пу́ли |
| 二 | ко́мнаты | пу́ли | ко́мнат | пуль |
| 三 | ко́мнате | пу́ле | ко́мнатам | пу́лям |
| 四 | ко́мнату | пу́лю | ко́мнаты | пу́ли |
| 五 | ко́мнатой (-ою) | пу́лей (-ею) | ко́мнатами | пу́лями |
| 六 | ко́мнате | пу́ле | ко́мнатах | пу́лях |

阴性名词以 ь 结尾者，以 степь（草原）为例：

| 格＼数 | 单　数 | 复　数 |
|---|---|---|
| 一 | степь | сте́пи |
| 二 | сте́пи | степе́й |
| 三 | сте́пи | степя́м |
| 四 | степь | сте́пи |
| 五 | сте́пью | степя́ми |
| 六 | сте́пи | степя́х |

§ 阴性名词不论是以 а 或 я 或 ь 结尾者，它们若为非动词性名词，复数第四格与复数第一格相同；若为动物名词，则复数第四格与复数第二格相同。例：же́нщина（妇女）的复数第四格是же́нщин；ло́шадь（马）的复数第四格是лошаде́й。

3. 中性名词（单数第一格以 о 或 е 结尾）分别以 сло́во（单词），мо́ре（海）为例：

| 格＼数 | 单　数 | | 复　数 | |
|---|---|---|---|---|
| 一 | сло́во | мо́ре | слова́ | моря́ |
| 二 | сло́ва | мо́ря | слов | море́й |
| 三 | сло́ву | мо́рю | слова́м | моря́м |
| 四 | сло́во | мо́ре | слова́ | моря́ |
| 五 | сло́вом | мо́рем | слова́ми | моря́ми |
| 六 | сло́ве | мо́ре | слова́х | моря́х |

## Упражнения

填空

(1) _____ (Максим) 15 лет.
(2) _____ (Он) 31 год.
(3) Когда кончилась война, _____ (я) было 4 года.
(4) Через месяц _____ (она) будет 36 лет.
(5) _____ (Нина) сейчас 43 года.
(6) _____ (Мы) нравится эта девушка.
(7) Она _____ (ты) нравится.
(8) _____ (Сергей) понравились эти книги.
(9) _____ (Аня) нравятся мои родители.
(10) _____ (Братья) понравилась Вера.
(11) Я говорю по-русски со _____ (студенты).
(12) Максим познакомился со _____ (строители).
(13) Антон пошёл в кино с _____ (девушки).
(14) Я живу с _____ (родители).
(15) Нина идёт в школу с _____ (товарищи).
(16) Мы с _____ (братья) учимся в школе.
(17) Он разговаривает с _____ (друзья).
(18) _____ (Студенты) понравился Иван Иванович.
(19) Журналисты задали вопросы _____ (посетители).
(20) Учитель дал _____ (ученицы) книги.

СЛОВАРЬ

(1) быва́ть  常有,常到
(2) вопро́с  问题
(3) взро́слый  成年的;成年人
(4) вы́ставка  展览,展览会
(5) есть  吃
(6) журнали́ст  记者
(7) задава́ть — зада́ть  提出,指定
(8) игру́шка  玩具
(9) контролёр  查票员
(10) культу́ра  文化
(11) меню́  菜单
(12) мя́со  肉
(13) миллио́нный  第一百万的
(14) наро́дный  人民的
(15) нау́ка  科学
(16) официа́нтка  餐厅女服务员
(17) поговори́ть  谈谈
(18) поле́зный  有益的
(19) павильо́н  亭子;陈列馆
(20) посети́тель  参观者
(21) промы́шленность  工业
(22) пиро́жное  小蛋糕

(23) разгова́ривать 谈天
(24) се́льский 乡村的
(25) сувени́р 纪念品
(26) хозя́йство 产业，经济
(27) ходи́ть 走
(28) достиже́ние 成就

# УРОК 12

## МГУ
## (МОСКОВСКИЙ ГОСУДАРСТВЕННЫЙ УНИВЕРСИТЕТ)

В Москве сейчас идёт конгресс врачей. Приехало много иностранцев. Приехал и знакомый Антона, его коллега из Англии Эдвард Хоукс. Эдвард тоже детский врач. Антон и Эдвард познакомились уже давно и несколько лет переписываются. Но в Москве Эдвард первый раз. Его интересует всё: и детские больницы, и новые районы, и метро, и университет.

Конгресс идёт в МГУ, и Эдвард всё время задаёт Антону вопросы об университете. Он всё хочет знать: как живут студенты, кто учится в университете, получают ли студенты стипендию.

— Скажите, пожалуйста, коллега, — спрашивает Эдвард, — сколько студентов учится в университете?

— 30 тысяч. И здесь работает 3 тысячи преподавателей.

— Здесь, на Ленинских горах, все факультеты МГУ?

— Нет, не все. Несколько факультетов в центре, на проспекте Маркса.

# 第十二课

莫斯科国立大学

目前正在莫斯科举行医生代表大会。来了很多外国人。安东的熟人爱德华·豪斯、一位英国同行,也来了。爱德华也是小儿科医生。安东和爱德华认识已经很久,并且通信了几年。可是爱德华到莫斯科来还是第一次。他对一切都感兴趣,包括:儿童医院、新地区、地铁,以及大学。

会议是在莫斯科大学举行,爱德华一直向安东提出有关莫大的问题。他一切都想知道:学生生活如何,在莫大求学的是什么样的人,学生有没有领取奖学金。

"同行,请问一下,"爱德华问,"学校有多少学生呢?"

"三万。并且在这里工作的教师有三千名。"
"莫斯科大学的所有科系都在这儿列宁山吗?"
"不,不是所有的科系。有几个科系在市中心,在马克思大道上。"

— Анто́н, я ви́жу, здесь есть общежи́тие, да? Здесь живу́т все студе́нты?

— Коне́чно, нет. Москвичи́ живу́т до́ма. В общежи́тии живёт 10 ты́сяч студе́нтов. И мно́гие профессора́ живу́т в э́том райо́не, на Ле́нинских гора́х. Дава́йте пото́м посмо́трим университе́т. Ведь э́то настоя́щий го́род. Здесь есть не то́лько лаборато́рии, библиоте́ки, но и магази́ны, бассе́йн, большо́й клуб.

— Коне́чно, обяза́тельно посмо́трим. Я ви́жу здесь мно́го иностра́нцев.

— Да, здесь у́чатся студе́нты из Евро́пы, А́зии, Аме́рики, А́фрики и да́же из Австра́лии.

— А вы то́же учи́лись здесь?

— Нет, в Москве́ есть медици́нский институ́т. Да́же два. Я учи́лся в Пе́рвом медици́нском институ́те.

— Да, вспо́мнил, ещё оди́н вопро́с. Все студе́нты получа́ют стипе́ндию?

— Нет, не все. Э́то зави́сит от успе́хов студе́нта.

— Э́то, пожа́луй, пра́вильно.

"安东,我看到,这里有宿舍,是吧?所有学生都住在这里吗?"

"当然不是。莫斯科人住在家里。有一万个学生住在宿舍。还有很多教授住在这一区,在列宁山上。一会儿,我们去参观大学吧。要知道这是个地地道道的城市。这里不但有实验室、图书馆,而且还有商店、游泳池和一个大俱乐部。"

"那当然,一定要参观。在这里我看到很多外国人。"

"是的,在这里读书的大学生,有的来自欧洲、亚洲、美洲、非洲,有的甚至来自澳洲。"

"那您以前也是在这里读书吗?"

"不,莫斯科有医学院。甚至还有两所。我是在第一医学院读书。"

"对了,我想起来了,还有一个问题。所有学生都有奖学金吗?"

"不,不是所有。这要看学生成绩而定。"

"这种做法想必是正确的。"

## ДАВАЙТЕ ПОГОВОРИМ

**В УНИВЕРСИТЕТЕ**

1. – Ты зна́ешь, Ми́ша, я ви́дел вчера́ в университе́те И́горя. Он у́чится на физи́ческом факульте́те и живёт в общежи́тии на Ле́нинских гора́х.
   – Что ты говори́шь! А я не знал, что он сейча́с у́чится в университе́те. Он ведь рабо́тал.
   – Да, он рабо́тал на заво́де, а сейча́с реши́л учи́ться.
   – Переда́й ему приве́т от меня́, когда́ уви́дишь.
   – Хорошо́, обяза́тельно переда́м.

2. – Прости́те, вы иностра́нец?
   – Да, я францу́з.
   – Но вы о́чень хорошо́ говори́те по-ру́сски.
   – Я уже́ давно́ живу́ в Москве́.
   – Вы студе́нт?
   – Да, я учу́сь на физи́ческом факульте́те.
   – А я на филологи́ческом. Вы живёте на э́том этаже́?
   – Да.
   – Ока́зывается, мы сосе́ди. Зна́ете, я учу́ францу́зский язы́к. Мо́жет быть, мы бу́дем иногда́ говори́ть по-францу́зски?
   – С удово́льствием.

## 会 话

在大学里

1. —米沙,你知道吗,我昨天在学校里看到伊戈尔。他在物理系读书,并且住在列宁山的宿舍。

 —你说什么?我不知道他现在在大学里读书。他过去不是在工作吗?
 —是啊,他过去在工厂工作,而现在决定要读书了。
 —你看见他时,代我问候他。
 —好,一定转达。

2. —对不起,您是外国人吗?
 —是的,我是法国人。
 —但是您俄语说得很好。
 —我已经在莫斯科住很久了。
 —您是大学生吗?
 —是的,我在物理系读书。
 —我在语文系读书。您住在这层楼吗?
 —是的。
 —原来,我们是邻居。您知道,我正在学法语。或许我们将来有时可以用法语交谈。

 —那我很乐意。

## ВЫРАЖЕНИЯ

(1) не то́лько..., но и...
(2) зави́сеть от
(3) прости́
   прости́те
(4) ока́зывается

### 惯用语

(1) 不但……, 而且……
(2) 依赖, 视……而定(接名词第二格)
(3) 抱歉(针对讲话对象是 ты)。
    抱歉(针对讲话对象是 вы)。
(4) 原来, 竟然

## ПРИМЕЧАНИЯ

### 1. Моско́вский госуда́рственный университе́т

莫斯科国立大学,简称 МГУ(读做 эм-гэ-у),是根据俄国著名学者罗曼诺索夫(М. В. Ломоно́сов, 1711—1765)的构想,建于 1755 年,因此莫斯科大学又称 Моско́вский госуда́рственный универсрите́т имени М.В. Ломоно́сова (莫斯科国立罗曼诺索夫大学)。

莫斯科大学目前分两个校区。旧校区在市中心,马克思大道上,离克里姆林宫很近。新校区在莫斯科西南区,位于莫斯科河畔的山丘——列宁山(麻雀山)上。

### 2. 构成俄语疑问句的方法有几种,其中之一是利用语气 ли 将所要问的单词或词组放在 ли 的前面即构成疑问句。

例:

В шко́лу ли ты идёшь?

你要去学校吗?(问要去的地方是不是"学校"。)

Идёшь ли ты в шко́лу?

你要去学校吗?(问是不是"正要去"。)

## ЗАПОМНИТЕ!

1. из / с } + 名词第二格:"从……(地方)"

Куда́ вы идёте? (你到哪里去?)

| Я иду́ | в университе́т. |
| | в шко́лу. |
| | в Москву́. |
| | на конце́рт. |
| | на заво́д. |
| | на рабо́ту. |

Отку́да вы идёте? (你从哪里来？)

| Я иду́ | из университе́та. |
| | из шко́лы. |
| | из Москвы́. |
| | С конце́рта. |
| | С заво́да. |
| | С рабо́ты. |

2. 不定数词 (мно́го, ма́ло, не́сколько, ско́лько...) + 名词复数第二格

| | | |
|---|---|---|
| студе́нт | 5, 12... | студе́нтов |
| посети́тель | 20, 25, 35... | посети́телей |
| иностра́нец | мно́го | иностра́нцев |
| оте́ц | ма́ло | отцо́в |
| сестра́ | не́сколько | сестёр |
| студе́нтка | ско́лько | студе́нток |
| письмо́ | | пи́сем |

# ГРАММАТИКА

**1. 名词变格时词干–о, –е（或 –ё）的隐现规则**

（1）单数第一格以–а, –я 或–о 结尾的名词，词尾前如有两个辅音并列，它们在复数第二格时，两辅音间往往出现–о 或–е（或–ё）。

① 如果两辅音中有一个是嘶音（ж, ч, ш, щ）时，则出现–е，如：

де́вушка （女孩子） —— де́вушек
ру́чка （钢笔） —— ру́чек

② 如果两个辅音中有一个是喉音（г, к, х），而另一个不是嘶音时，则出现–о，如：

студе́нтка （女大学生） —— студе́нток
окно́ （窗户） —— о́кон

③ 两个辅音中，既无嘶音，又无喉音时，一般出现–е（或–ё），如：

сестра́ （姊妹） —— сестёр
пе́сня （歌曲） —— пе́сен

（2）有些名词在变格时，结尾前的–о，或–е 会消失，如：

оте́ц （父亲） —— отца́（单二）, отцу́（单三）....
отцы́（复一）, отцо́в（复二）....

пода́рок （礼物） —— пода́рка, пода́рку....
пода́рки, пода́рков....

## 2. 物主代词(所有代词)的词尾变化

(1) мой(我的)

| 格 \ 性 | 阳 性 | 中 性 | 阴 性 | 复 数 |
|---|---|---|---|---|
| 一 | мой | моё | моя́ | мои́ |
| 二 | моего́ | моего́ | мое́й | мои́х |
| 三 | моему́ | моему́ | мое́й | мои́м |
| 四 | 同一或二 | моё | мою́ | 同一或二 |
| 五 | мои́м | мои́м | мое́й | мои́ми |
| 六 | моём | моём | мое́й | мои́х |

§ 1. 阴性单数第五格也可写成 мое́ю。

2. твой(你的),свой(自己的)的词尾变化与 мой 相同。

(2) наш(我们的)

| 格 \ 性 | 阳 性 | 中 性 | 阴 性 | 复 数 |
|---|---|---|---|---|
| 一 | наш | на́ше | на́ша | на́ши |
| 二 | на́шего | на́шего | на́шей | на́ших |
| 三 | на́шему | на́шему | на́шей | на́шим |
| 四 | 同一或二 | на́ше | на́шу | 同一或二 |
| 五 | на́шим | на́шим | на́шей | на́шими |
| 六 | на́шем | на́шем | на́шей | на́ших |

§ 1. 阴性单数第五格可写成 на́шею。

2. ваш(您的,您们的)的变化与 наш 相同。

## УПРАЖНЕНИЯ

1. 填空

   (1) У нас в университете 5 _____ (бассейн).

   (2) У меня больше нет _____ (вопросы).

   (3) Александр Сергеевич прочитал работы _____ (ученики) и даже показал мне несколько _____ (работы).

   (4) Журналист задал девочке много _____ (вопрос).

   (5) Восемь _____ (тысяча) студентов там учится.

   (6) У меня 2 _____ (брат).

   (7) У него 6 _____ (сестра).

   (8) На выставке было 33 _____ (посетитель).

   (9) У нас в группе 21 _____ (студент) и 27 _____ (студентка).

   (10) Сколько _____ (девушка) в классе?

2. 练习前置词 из 与 с。

   (1) Я иду _____ института.

   (2) Они идут _____ работы.

   (3) Отец вернулся _____ завода.

   (4) Нина идёт _____ факультета.

   (5) Эдвард приехал _____ Англии.

   (6) Иван идёт _____ магазина.

   (7) В нашем университете учатся студенты _____ Европы.

   (8) Маша приехала _____ Москвы.

   (9) Товарищи ехали _____ вокзала.

   (10) Она вышла _____ комнаты.

### СЛОВАРЬ

(1) Áзия  亚洲

(2) Амéрика  美国；美洲

(3) Австрáлия  澳洲，澳大利亚

(4) Áфрика  非洲

(5) бассéйн  水池，游泳池

(6) госудáрственный  国家的

(7) Еврóпа  欧洲

(8) задавáть (задаю́, задаёшь...)  提出，指定

(9) завúсеть от + 名词第二格 (завúшу, завúсишь...)
依赖；依……而定

(10) иностра́нец  外国人

(11) интересовáть (интересу́ю, интересу́ешь...)
引起兴趣，使感兴趣

(12) коллéга  同事，同行

(13) конгрéсс  会议，(国际性)代表大会

(14) лаборатóрия  实验室

(15) лéнинский  列宁的

(16) медицúнский  医学的，医疗的

(17) общежúтие  宿舍

(18) нéсколько  若干，一些，几个

(19) прáвильно  正确地

(20) познакóмить (познакóмлю, познакóмишь...)
介绍，使认识

(21) пожа́луй 也许,大概
(22) приве́т 问候,致意
(23) стипе́ндия 奖学金
(24) ты́сяча 千
(25) моско́вский 莫斯科的
(26) райо́н 地区,区域

# УРОК 13

## ЗНАМЕНИТЫЕ ДРУЗЬЯ

Вы, наверно, помните, что в нашем доме живёт Вадим. Он студент, учится в университете. Он всегда мечтал стать геологом, работать на Севере или на Дальнем Востоке.

У него весёлый, общительный характер. Он знает всех в нашем доме, и все знают его. У Вадима много друзей и в университете и в нашем доме. Но особенно много у Вадима знаменитых друзей. Если во дворе вдруг начинают говорить о футболе, Вадим сразу говорит: "Кто? Лев Яшин? Я его хорошо знаю. Мы раньше вместе жили. Я на втором этаже, а он на третьем".

А в следующий раз все разговаривают о литературе, и наш Вадим начинает: "Евтушенко? Это поэт, да? Он мой друг. Я его недавно видел в доме культуры МГУ. Он подарил мне свою книгу".

И вот однажды Вадим с Верой и Антоном пошёл смотреть фильм "Анна Каренина". Там играет Татьяна

## 第十三课

### 有名的朋友

您大概还记得,在我们这栋楼住着瓦吉姆。他是大学生,在一所大学读书。他过去一直渴望成为地质学家,并在北方或远东地区工作。

他的个性快活,好与人交际。他认识我们楼里所有的人,而大家也都知道他。瓦吉姆在大学里以及我们这栋楼里,都有很多朋友。而特别的是瓦吉姆有许多有名的朋友。如果在院子里,有人忽然开始谈起足球,瓦吉姆立刻说:"谁?列夫·雅申吗?我和他很熟。过去我们住在一起过。我住二楼,而他住三楼。"

而下一次大家谈论文学时,我们这位瓦吉姆又开始说:"叶夫图申科吗?这是一位诗人,对吧?他是我的朋友。不久前我在莫斯科大学的文化馆里看过他。他赠送我一本他自己写的书。"

而又有一次,瓦吉姆同薇拉、安东去看电影《安娜·卡列尼娜》。那是由塔吉雅娜·萨莫伊洛娃主演。安东想:"大概,现

Самойлова. Антон подумал: "Наверно, сейчас Вадим начнёт рассказывать, как он с ней ходил в детский сад". И, действительно, Вадим сказал, что они вместе отдыхали в доме отдыха.

Пришли они в зал, сели, а в это время говорят, что сейчас будут выступать артисты, которые играли в этом фильме. Вышла Татьяна Самойлова и очень интересно рассказала о фильме, о своей работе... И потом села в зале недалеко от них. Вера и Антон начали просить Вадима, чтобы он познакомил их с Самойловой. Но в это время в зале погас свет, начался фильм. Когда фильм кончился, Вадима в зале не было.

### ДАВАЙТЕ ПОГОВОРИМ

1. ПО ТЕЛЕФОНУ

— Алло! Попросите, пожалуйста, директора к телефону.

— Директор вышел. Позвоните через 10 минут.

— Алло! Мне нужно поговорить с директором.

— Директора нет. Он уже ушёл. Позвоните завтра.

— Прошу вас, передайте ему, пожалуйста, что звонил Иванов.

— Хорошо, обязательно передам.

在瓦吉姆要开始讲,他怎样和她一起上幼儿园。"而果真,瓦吉姆说,他们一起在休养所休假过。

他们来到观众席,坐了下来,而这时候有人说,这部影片的演员们要来说说话。塔吉雅娜走了出来,她非常生动有趣地谈到这部影片,谈到自己的工作……并且后来,她还坐到观众席,离他们不远的地方。薇拉和安东开始请求瓦吉姆,要他介绍和萨莫伊洛娃认识。但这时候,大厅的灯光熄灭了,电影开始了。当电影结束的时候,瓦吉姆已不在大厅里。

会 话

1. 电话中
   —喂,请经理接电话。

   —经理出去了。请十分钟后再打电话来。
   —喂,我需要和经理谈一下。
   —经理不在。他已经走了。请明天打电话来。
   —请您转告他,说伊凡诺夫来过电话。

   —好,我一定转达。

2. ПОЙДЁМ В КИНО
   - Что здесь идёт сегодня?
   - Очень хороший фильм, играет Татьяна Самойлова. Может быть, посмотрим?
   - Билетов уже нет! Жаль... Ну, давай купим билеты на завтра.

3. ПОЗНАКОМЬ МЕНЯ...
   - Ты знаешь Роберта Рождественского?
   - Поэта? Конечно. Он жил в нашем доме.
   - Я хочу попросить тебя, чтобы ты познакомил меня с ним.
   - Хорошо, приходи завтра в наш клуб, я вас познакомлю.

4. – Здравствуйте, Пётр!
   - Добрый день, Сергей! Вот не ожидал вас встретить.
   - Познакомьтесь, это моя жена Ирина, это Пётр.
   - Очень приятно познакомиться с вами. Меня зовут Пётр Ван.
   - Мне тоже приятно. Вы приехали из Тайваня?
   - Да, я из Тайбэя.
   - Пётр, Серёжа часто говорит о Вас. Заходите к нам. Будем рады.
   - Спасибо за приглашение.

2. 我们去电影院吧!
   —今天这里上演什么?
   —很好的影片,是塔吉雅娜·萨莫伊洛娃主演的。或许,我们去看看吧?
   —票已经没有了! 可惜……嗯,那么我们买明天的票吧。

3. 介绍我认识……吧!
   —你认识罗伯特·罗日杰特文斯基吗?
   —是诗人吗? 当然认识。他住在我们那栋楼里。
   —我想请你介绍我和他认识。

   —好啊,明天到我们俱乐部来,我介绍你们认识。

4. —您好,彼得!
   —您好,谢尔盖! 没想到会遇见您。
   —请认识一下吧,这是我的太太伊莉娜,这是彼得。
   —很高兴认识您。我叫彼得·王。

   —我也很高兴认识您。您是从台湾来的?
   —是的,我来自台北。
   —彼得,谢廖沙(谢尔盖的简称)常常谈到您。有空到我们家来吧。我们将会很高兴的。
   —谢谢您的邀请。

### ВЫРАЖЕНИЯ

(1) Попроси́те, пожа́луйСТа, ... к телефо́ну.
(2) Познако́мься.
 Познако́мьтесь.
(3) Заходи́!
 Заходи́те!

### 惯用语

(1) 请……来听电话。
(2) 来认识一下(讲话对象为 ты)。
    来认识一下(讲话对象为 вы)。
(3) 有空来玩,有空来坐坐(讲话对象为 ты)。
    有空来玩,有空来坐坐(讲话对象为 вы)。

## ЗАПОМНИТЕ!

1. В киоске нет моих любимых журналов.

   书报亭没有我喜欢的杂志。

| В киоске | есть журналы. |
|          | нет журналов. |

| в киоске | нет<br>не было<br>не будет | моих любимых<br>этих | журналов.<br>сигарет. |

2. Я встретил этих девушек на выставке.

   我在展览会碰到这些女孩子。

| благодарить<br>видеть<br>встретить<br>ждать<br>знать<br>спросить | кого | этого молодого человека.<br>эту молодую девушку. |
| | | этих молодых людей.<br>этих молодых девушек. |

3. Я попросил Антона, чтобы он помог мне.

   我请求安东,要他帮我忙。

| Я прошу<br>Я попросил<br>Я попрошу | Антона, чтобы он позвонил мне. |

### 4. уйти́与вы́йти

Вы не зна́ете, где дире́ктор?

您知道厂长在什么地方吗？

Дире́ктор ушёл.

厂长走了。

Дире́ктор вы́шел.

厂长出去了。

§ 1. уйти́ 指"离去"，表示人已不在了。

2. вы́йти 指"出去"，一般可望在短时间回来。

**ГРАММАТИКА**

### 1. 形容词的词尾变化

形容词有性、数、格的变化。形容词的变格法有三种：硬变化、软变化和混合变化。

(1) 硬变化：词干以硬辅音结尾，其原形词尾为–ый 与 –о́й（带重音）的形容词属硬变化，如：но́вый（新的），молодо́й（年轻的）等。其变化以 но́вый 为例：

| 格 \ 性 | 单 数 | | | 复 数 |
|---|---|---|---|---|
| | 阳性 | 中性 | 阴性 | |
| 一 | но́вый | но́вое | но́вая | но́вые |
| 二 | но́вого | | но́вой | но́вых |
| 三 | но́вому | | но́вой | но́вым |
| 四 | 同一或二 | но́вое | но́вую | 同一或二 |
| 五 | но́вым | | но́вой | но́выми |
| 六 | но́вом | | но́вой | но́вых |

(2) 软变化：词干以软辅音结尾，其原形词尾为 -ий 的形容词属软变化，如：си́ний（蓝色的），其变化如下：

| 格 \ 数性 | 单数 | | | 复数 |
|---|---|---|---|---|
| | 阳性 | 中性 | 阴性 | |
| 一 | си́ний | си́нее | си́няя | си́ние |
| 二 | си́него | | си́ней | си́них |
| 三 | си́нему | | си́ней | си́ним |
| 四 | 同一或二 | си́нее | си́нюю | 同一或二 |
| 五 | си́ним | | си́ней | си́ними |
| 六 | си́нем | | си́ней | си́них |

(3) 混合变化：词干以喉音（г, к, х）和嘶音（ж, ч, ш, щ）结尾的形容词属混合变化，如：плохо́й（不好的），хоро́ший（好的），большо́й（大的）等。所谓混合变化也就是部份词尾与硬变化相同，部分词尾与软变化相同。以 большо́й 为例：

| 格 \ 数性 | 单数 | | | 复数 |
|---|---|---|---|---|
| | 阳性 | 中性 | 阴性 | |
| 一 | большо́й | большо́е | больша́я | больши́е |
| 二 | большо́го | | большо́й | больши́х |
| 三 | большо́му | | большо́й | больши́м |
| 四 | 同一或二 | большо́е | большу́ю | 同一或二 |
| 五 | больши́м | | большо́й | больши́ми |
| 六 | большо́м | | большо́й | больши́х |

§ 1. 形容词阴性单数第五格词尾 -ой（硬变化）可写为 -ою；-ей（软变化）可写成 -ею。

2. 形容词阳性与中性单数第二格词尾 -ого（硬变化），应读成 -ово；-его（软变化）应读成 -ево。

3. 根据俄语的拼写法,如果 ы, ю, я 等字母,原应置于喉音(г, к, х)与啼音(ж, ч, ш, щ)等字母的后面并连写在一起时,则 ы 应改为 и, ю 应改写为 у, я 应改写成 а。这也就是造成形容词混合变化的原因。例如:原属硬变化的 большой,其复数第一格必须写成软变化的 большие,而造成混合变化的现象。

## 2. 指示代词 э́тот(这个), тот(那个)的用法与词尾变化。

э́тот 与 тот 的中性形式 э́то 与 то 可以用作主语或补语,用来指出事物的存在或代替上文中已提到过的人或事物,如:

Пришёл вое́нный. Э́то мой друг по шко́ле.

来了一个军人。这是我的学校同学。

За́втра не бу́дет заня́тий. Сообщи́те э́то това́рищам.

明天不上课。请把这件事通知同志们。

另外, э́тот 与 тот 在句中通常作定语,用来指示人、事、物,并且必须在性、数、格方面,与其所指示的名词一致,例如:

Э́та кни́га моя́.

这本书是我的。

Э́тот дом но́вый, а тот дом ста́рый.

这栋房子是新的,而那栋是旧的。

指示代词 э́тот 表示这个(或这些)的意义时,要和被说明的名词在性、数、格上一致。而在"这是……"句型,"这是"须用 э́то 来表达,和后面的名词不必保持性、数、格的一致。如:

Э́та кни́га но́вая. (这本书是新的。)

Э́то но́вая кни́га. (这是新书。)

接着，э́тот 与 тот 的词尾变化介绍如下：

(1) э́тот 的词尾变化：

| 格 \ 性 | 阳 性 | 中 性 | 阴 性 | 复 数 |
|---|---|---|---|---|
| 一 | э́тот | э́то | э́та | э́ти |
| 二 | э́того | | э́той | э́тих |
| 三 | э́тому | | э́той | э́тим |
| 四 | 同一或二 | э́то | э́туй | 同一或二 |
| 五 | э́тим | | э́той | э́тими |
| 六 | э́том | | э́той | э́тих |

§ 1. 阴性单数第五格 э́той 可写成 э́тою。
2. 阳性与中性单数第二格 э́того 应读成 э́тово。

(2) тот 的词尾变化：

| 格 \ 性 | 阳 性 | 中 性 | 阴 性 | 复 数 |
|---|---|---|---|---|
| 一 | тот | то | та | те |
| 二 | того́ | | той | тех |
| 三 | тому́ | | той | тем |
| 四 | 同一或二 | то | ту | 同一或二 |
| 五 | тем | | той | те́ми |
| 六 | том | | той | тех |

§ 1. 阴性单数第五格 той 可写成 тою。
2. 阳性与中性单数第二格 того́ 应读成 тово́。

## УПРАЖНЕНИЯ

填空

(1) У меня много _____ (хорошие пластинки).

(2) У меня несколько _____ (редкие английские марки).

(3) У Наташи много _____ (новые подруги).

(4) В этом университете нет _____ (большие современные лаборатории).

(5) В этом большом городе не было _____ (красивые парки).

(6) В книжном магазине не будет _____ (иностранные журналы).

(7) Ты знаешь _____ (эти молодые люди)?

(8) Я хорошо знаю _____ (эти симпатичные девушки).

(9) Вы, кажется, знаете _____ (эти старые рабочие)?

(10) Я встретил _____ (те студенты) на выставке.

(11) В _____ (эта библиотека) есть детские книги, а в _____ (та) нет детских книг.

(12) В _____ (это здание) есть свободные квартиры, а в _____ (то) нет свободных квартир.

(13) В _____ (этот киоск) есть мои любимые сигареты, а в _____ (тот) нет.

(14) В _____ (эти комнаты) есть свободные стулья, а в _____ (те) нет.

(15) Он любит классическую музыку _____ (знаменитые композиторы).

(16) Зина встретила в театре _____ (свои старые друзья).

(17) Мы читали _____ (эти журналы).

(18) Ты не читал _____ (новые газеты).
(19) Иван сейчас ждёт _____ (эта красивая девушка).
(20) Он видел _____ (те молодые студентки).

СЛОВАРЬ

(1) арти́ст  艺人,演员,艺术家
(2) благодари́ть — поблагодари́ть  感谢
(3) весёлый  快乐的,愉快的
(4) встреча́ть — встре́тить (встре́чу, встре́тишь, ...встре́тят)  碰见,迎接
(5) вы́йти (过去式: вы́шел, вы́шла, вы́шли)  出去
(6) знамени́тый  著名的
(7) ко́нчиться  结束
(8) общи́тельный  好交际的,喜与人交往的
(9) одна́жды  有一次
(10) подари́ть  赠送
(11) познако́миться  认识,熟悉
(12) поэ́т  诗人
(13) приглаше́ние  邀请
(14) проси́ть (прошу́, про́сишь... про́сят) — попроси́ть  请求
(15) прия́тно  高兴,感到愉快

(16) рад 高兴
(17) Тайбэ́й 台北
(18) Тайва́нь 台湾
(19) иностра́нный 外国的
(20) ожида́ть 期待，预料，等候

# УРОК 14

## ЧУДАК ИЗ 32-Й КВАРТИРЫ

Несколько месяцев назад в 32-ю квартиру приехала новая семья — муж и жена. Он работает в магазине, а она геолог. в доме Алексея Фёдоровича — так зовут нового соседа — сразу назвали чудаком. Дело в том, что Алексей Фёдорович каждое утро делает зарядку во дворе дома.

Василию Николаевичу сразу не понравился этот сосед. Он ведь не очень молодой, а бегает, как мальчик. Василий Николаевич сказал жене: "Мне кажется, что неприлично делать зарядку во дворе дома".

Василий Николаевич не делает зарядку даже дома. "Это совсем не обязательно, — думает он. Но чувствует себя Василий Николаевич не очень хорошо и выглядит плохо. У него часто болит голова.

Особенно все удивились, когда узнали, что Алексей Фёдорович зимой плавает в Москве-реке. Василий Николаевич даже ходил смотреть, а потом рассказывал: "Действительно, идёт снег, температура минус 15, а наш

# 第十四课

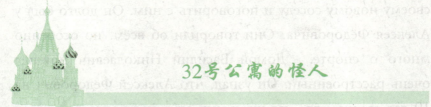

## 32号公寓的怪人

几个月前,32号公寓新来了一个家庭——是一对夫妇。男的在商店工作,女的是地质学家。这个叫做阿列克谢·费得罗维奇的新邻居,在这栋楼里很快就被人称为怪人。原因在于,阿列克谢·费得罗维奇每天早晨在大院子里做早操。

瓦西里·尼古拉耶维奇很快就不喜欢这位邻居。因为他已不年轻啦,可是还像小孩子一样在跑步。瓦西里·尼古拉耶维奇告诉太太说:"我觉得,在大楼院子做早操不成体统。"

瓦西里·尼古拉耶维奇即使在家里也不做体操。"这是完全不必要的,"他认为。但是瓦西里·尼古拉耶维奇常觉得身体不舒服,而且脸色难看。他常常会头痛。

当得知阿列克谢·费得罗维奇冬天还在莫斯科河游泳,大家觉得特别惊奇。瓦西里·尼古拉耶维奇甚至去看过,后来就说:"真的,下着雪,气温零下15度,而我们这位怪人还在游泳……"

чуда́к пла́вает..."

И вот одна́жды Васи́лий Никола́евич реши́л пойти́ к своему́ но́вому сосе́ду и поговори́ть с ним. Он до́лго был у Алексе́я Фёдоровича. Они́ говори́ли об всём, но осо́бенно мно́го о спо́рте. Домо́й Васи́лий Никола́евич пришёл о́чень расстро́енный. Он узна́л, что Алексе́й Фёдорович на 10 лет ста́рше его́, но чу́вствует себя́ прекра́сно, никогда́ не боле́л. Он счита́ет, что лу́чшее лека́рство — спорт.

Ско́ро все его́ сосе́ди на́чали занима́ться спо́ртом. Мно́гие вме́сте с Алексе́ем Фёдоровичем де́лают у́тром заря́дку во дворе́, ле́том игра́ют в те́ннис и́ли в волейбо́л, а зимо́й ката́ются на конька́х и на лы́жах. Они́ чу́вствуют себя́ лу́чше и вы́глядят моло́же.

И чудако́м тепе́рь счита́ют Васи́лия Никола́евича, кото́рый ду́мает, что занима́ться спо́ртом не обяза́тельно.

 ДАВА́ЙТЕ ПОГОВОРИ́М

### А ВЫ ЗАНИМА́ЕТЕСЬ СПО́РТОМ?

1. — Каки́м ви́дом спо́рта вы занима́етесь?
   — Ле́том я игра́ю в волейбо́л и пла́ваю, а зимо́й ката́юсь на конька́х. А вы чем увлека́етесь?
   — Я игра́ю в те́ннис.

有一次,瓦西里·尼古拉耶维奇决定到新邻居那里,和他谈谈。他在阿列克谢·费得罗维奇那儿待了很久,他们无所不谈,对运动谈得特别多。瓦西里·尼古拉耶维奇情绪不佳地回到家里。他得知,阿列克谢·费得罗维奇年纪大他10岁,但是身体非常好,从来都没有生过病。他认为,最好的药就是运动。

很快地,他的所有邻居都开始做运动。很多人和阿列克谢·费得罗维奇一起在院子里做早操,夏天打网球或是排球,而冬天则溜冰和滑雪。他们觉得身体更好,看起来也更年轻了。

而老认为没有必要运动的瓦西里·尼古拉耶维奇现在反而被视为怪人了。

会 话

**你做运动吗?**

1. —您从事什么运动项目?
    —夏天我打排球和游泳,冬天则溜冰。那您最喜欢什么呢?
    —打网球。

2. – Здра́вствуйте, Васи́лий Никола́евич. Как ва́ши дела́?
   – Нева́жно, Алексе́й Фёдорович. Я пло́хо себя́ чу́вствую.
   – А вы пойди́те к врачу́.
   – Да я неда́вно был у врача́. Он говори́т, ну́жно занима́ться спо́ртом. Э́то в моём-то во́зрасте!
   – А я ду́маю, что врач прав. Мне уже́ 70 лет, а я прекра́сно себя́ чу́вствую, потому́ что ка́ждое у́тро де́лаю заря́дку. Ле́том я игра́ю в те́ннис, а зимо́й хожу́ на лы́жах. И вам сове́тую: де́лайте заря́дку ка́ждое у́тро, бу́дете себя́ хорошо́ чу́вствовать.

3. – Здра́вствуйте, А́нна Петро́вна.
   – Здра́вствуйте, Ве́рочка.
   – А́нна Петро́вна, вы прекра́сно вы́глядите! Я вам зави́дую.
   – Да, Ве́рочка, я о́чень хорошо́ себя́ чу́вствую, потому́ что занима́юсь спо́ртом. Ка́ждый день де́лаю заря́дку, ле́том мы хо́дим в похо́ды, пла́ваем, зимо́й хо́дим на лы́жах, ката́емся на конька́х.

4. – Куда́ вы идёте?
   – На Москву́-реку́. Пойдёмте вме́сте с на́ми.
   – А что мы бу́дем там де́лать?
   – Говоря́т, там сего́дня пла́вают.

2. —您好,瓦西里·尼古拉耶维奇。您近况如何?
   —不大好,阿列克谢·费得罗维奇。我觉得身体不舒服。

   —那您要去看医生。
   —是啊,不久前我才去过医生那里。他说,应该做运动。可是我已是这么大的岁数了。
   —而我认为,医生是对的。我已经70岁了,却觉得身体很好。因为我每天早晨做体操。夏天我打网球,冬天则滑雪。我也劝您:每天早晨做体操,您身体就会好的。

3. —您好,安娜·彼得洛芙娜。
   —您好,薇拉奇卡。
   —安娜·彼得洛芙娜,您气色看起来很好。我好羡慕您。

   —是啊,薇拉奇卡,我觉得身体很好,因为我做运动。我每天做操,夏天我们徒步远足、游泳,冬天滑雪、溜冰。

4. —你们去哪儿?
   —莫斯科河。和我们一起去吧!
   —我们到那儿将要干什么呢?
   —据说,今天那儿有人游泳。

— Как пла́вают? Идёт снег, температу́ра — ми́нус 15 гра́дусов...

— Да, да! Есть чудаки́, кото́рые пла́вают зимо́й в Москве́-реке́, когда́ идёт снег и температу́ра — ми́нус 15! Наприме́р, Алексе́й Фёдорович из три́дцать второ́й кварти́ры.

— Алексе́й Фёдорович? Тогда́ я пойду́ с ва́ми, посмотрю́.

### ВЫРАЖЕНИЯ

(1) де́ло в том, что...
(2) Я чу́вствую себя́ пло́хо (хорошо́, прекра́сно...)
(3) ката́ться на конька́х
(4) ката́ться на лы́жах = ходи́ть на лы́жах
(5) игра́ть в волейбо́л (в те́ннис, в футбо́л, в ша́хматы...)

—怎么游泳？下着雪,气温还是零下15度……

—是啊,是啊。就是有这样的怪人,在冬天里,当天下着雪,气温零下15度时,还在莫斯科河游泳。比方说32号公寓的阿列克谢·费得罗维奇就是。

—阿列克谢·费得罗维奇？那我跟你们去看看。

### 惯用语

(1) 原因在于……
(2) 我觉得身体不舒服(很好,非常好)。
(3) 滑冰
(4) 滑雪
(5) 打排球(网球、踢足球、下象棋……)

 **ЗАПОМНИТЕ!**

**1.** 前置词 к + 名词第三格(人)：到……(谁)那里去

Антон пошёл в больницу к врачу.

安东到医院看医生。

Куда он пошёл?　　　　　(他去哪里了？)

Он пошёл в больницу.　　(他去医院了。)

К кому он пошёл?　　　　(他到谁那里去了？)

Он пошёл к врачу.　　　　(他去医生那里了。)

§ 1. "к +名词第三格"，表示到谁(人)那里去。

　2. "в 或 на+名词第四格"，表示到什么地方去。

**2.** быть + 前置词 у + 名词第二格：在……(谁)那里；去过……(谁)那里

Антон был в больнице у врача.

安东去过医院医生那里。

Где он был?　　　　　　(他去过哪里？)

Он был в больнице.　　　(他去过医院。)

У кого он был?　　　　　(他去过谁那里？)

Он был у врача.　　　　　(他去过医生那里。)

§ 1. "быть + у + 名词第二格"，表示在谁(人)哪里。

　2. "быть + в 或 на + 名词第六格"，表示在什么地方。

3. 形容词比较级 + 名词第二格

Книга интересная.

书很有趣。

Книга интереснее фильма.

书比影片有趣。

4. 形容词比较级 + чем + 名词第一格

Книга интересная.

书很有趣。

Книга интереснее, чем фильм.

书比影片有趣。

## ГРАММАТИКА

1. 形容词比较级的构成

形容词比较级有两种形式:单一式和复合式。

(1) 单一式比较级的构成

① 词干(也就是去掉词尾)加上后缀-ее(口语或诗歌常用后缀-ей)。如:

| новый | (新的) | —— | новее | (更新的) |
| сильный | (强壮的) | —— | сильнее | (强壮的) |
| красивый | (美的) | —— | красивее | (更美的) |
| интересный | (有趣的) | —— | интереснее | (更有趣的) |

② 形容词词干以 г,к,х,д,т,ст 结尾的,通常加后缀-е,同时词干末尾的辅音发生音变 (г,д→ж;к,т→ч;х→-ш;ст→щ),如:

| | | | |
|---|---|---|---|
| дорого́й | (贵的) —— | доро́же | (更贵的) |
| молодо́й | (年轻的) —— | моло́же | (更年轻的) |
| кре́пкий | (牢固的) —— | кре́пче | (更牢固的) |
| гро́мкий | (大声的) —— | гро́мче | (更大声的) |
| бога́тый | (富有的) —— | бога́че | (更富有的) |
| ти́хий | (静的) —— | ти́ше | (更静的) |
| чи́стый | (清洁的) —— | чи́ще | (更清洁的) |

③ 有些形容词比较级形式较特殊，必须分别记住。如：

| | | | |
|---|---|---|---|
| плохо́й | (不好的) —— | ху́же | (更不好) |
| хоро́ший | (好的) —— | лу́чше | (更好) |
| ма́ленький | (小的) —— | ме́ньше | (更小) |
| высо́кий | (高的) —— | вы́ше | (更高) |
| большо́й | (大的) —— | бо́льше | (更大) |
| ста́рый | (老的) —— | ста́рше | (更老) |
| ре́дкий | (稀少的) —— | ре́же | (更稀少) |
| бли́зкий | (近的) —— | бли́же | (更近) |

(2) 复合式比较级的构成

бо́лее(更，较) ме́нее(较少)加上原级形容词即构成复合式形容词比较级，如：

| | | |
|---|---|---|
| интере́сный | —— бо́лее интере́сный | (更有趣的) |
| | ме́нее интере́сный | (较无趣的) |
| бога́тый | —— бо́лее бога́тый | (较富有的) |
| | ме́нее бога́тый | (较不富有的) |
| высо́кий | —— бо́лее высо́кий | (较高的) |
| | ме́нее высо́кий | (比较不高的) |

### 2. 形容词比较级的用法

(1) 单一式形容词比较级没有性、数、格的变化，通常在句中作谓语，被比较的事物或人用名词（或代词）第二格表示。例如：

Ни́на краси́вее На́ди.

尼娜比娜佳漂亮。

Я́блоки доро́же груш.

苹果比梨子贵。

不过，单一式比较级还可和比较连接词 чем 一起使用，这时比较的对象用名词（或代词）第一格表示。如：

Ни́на краси́вее, чем На́дя.

尼娜比娜佳漂亮。

Я́блоки доро́же, чем гру́ши.

苹果比梨子贵。

(2) 复合式形容词比较级通常用于书面语体，在句中可做定语或谓语，有性、数、格的变化。

Э́то бо́лее интере́сная кни́га.（定语）

这是一本比较有趣的书。

Э́та кни́га бо́лее интере́сная.（谓语）

这本书比较有趣。

复合式形容词比较级做定语或谓语时，若带比较对象，则必须与比较连接词 чем 一起使用，比较对象用第一格表示。如：

Ива́н бо́лее си́льный, чем Макси́м.

伊凡比马克西姆强壮。

### 3. 副词比较级的构成与用法

(1) 副词也有比较级形式，而副词比较级的构成和形容词比较级一样，可分单一式和复合式。

① 单一式副词比较级在形式上和形容词比较级一样，也就是说，同一个比较级形式的单词，可以是形容词比较级，也可以是副词比较级，例如：

сильный —— сильнее （形容词比较级）
сильно —— сильнее （副词比较级）

высокий —— выше （形容词比较级）
высоко —— выше （副词比较级）

§ 下列四个较特殊的副词比较级必须分别记住：

хорошо （好） —— лучше （较好）
много （多） —— больше 或 более （较多）
плохо （坏） —— хуже （较坏）
мало （少） —— меньше 或 менее （较少）

② 复合式副词比较级：在原级副词前面加 более（较、更）或 менее（较少），如：

сильно （有力地） —— более сильно （更有力地）
　　　　　　　　—— менее сильно （不那么有力地）
высоко （高高地） —— более высоко （更高地）
　　　　　　　　—— менее высоко （没那么高地）

(2) 副词比较级的用法

副词比较级和原级副词一样，没有性、数、格的词尾变化。副词比较级如果和比较对象一起使用，也和形容词比较级一样有两种方式。

① 副词比较级 + 名词(或代词)第二格：
Он говорит по-русски лучше меня.
他俄语说得比我好。

② 副词比较级 + чем + 比较对象(名词、代词、动词、副词……)：这一用法，必须注意句中所对比的事物。相比较的对象，必须在词类上(名词、代词、动词、副词、名词词组、副词词组……)保持一致；比较的对象是名词或代词时，则格必须相同。例如：
Он говорит по-русски лучше, чем я.
他俄语说得比我好。
Он знает физику лучше, чем химию.
他物理比化学懂。
Я читаю по-русски лучше, чем говорю.
我俄语读得比说得好。
Я говорю по-русски лучше, чем по-английски.
我俄语比英语说得好。
В Москве холоднее, чем в Тайбэе.
莫斯科比台北冷。

УПРАЖНЕНИЯ

1. 按示例变换下列句子。

   示例：*Второй урок труднее, чем первый.*
   
   → *Второй урок труднее первого.*
   
   (1) Русская грамматика сложнее, чем грамматика английского языка.

(2) Володя выше, чем Вера.

(3) Новый костюм дороже, чем старый.

(4) Золото тяжелее, чем железо.

(5) Иван говорит по-английски лучше, чем Олег.

(6) Олег рассказывает интереснее, чем Зина.

(7) Книга интереснее, чем фильм.

(8) Нина старше, чем Максим.

(9) Я знаю русский язык хуже, чем она.

(10) Он знает химию лучше, чем физику.

2. 将下列形容词变成单一式比较级形式。

(1) верный     (2) сильный    (3) смелый
(4) холодный   (5) тёплый     (6) дорогой
(7) молодой    (8) плохой     (9) маленький
(10) редкий    (11) старый    (12) тихий
(13) жаркий    (14) большой   (15) богатый

(1) бе́гать 跑

(2) боле́ть 生病

(3) бо́льше 较多, 较大

(4) во́зраст 年龄

(5) волейбо́л 排球

(6) де́ло  事情

(7) заря́дка  体操

(8) занима́ться  (+名词第五格)从事；学习

(9) коньки́  (冰刀式)溜冰鞋；滑冰运动

(10) лу́чше  较好

(11) лы́жи  滑雪板

(12) ме́ньше  较少，较小

(13) наприме́р  比方说，例如

(14) нева́жно  不太好，不重要

(15) никогда́  从不，绝不

(16) неприли́чно  不成体统

(17) пла́вать  游泳，航行

(18) расстро́енный  情绪不佳的

(19) увлека́ться  (+名词第五格)酷爱，沉醉于

(20) удивля́ться — удиви́ться  惊奇

(21) ходи́ть  走，去，来

(22) чуда́к  怪人

(23) вид  种类，项目

(24) те́ннис  网球

(25) снег  雪

# УРОК 15

## КАК ОНИ ПОЗНАКОМИЛИСЬ

Когда приходят гости, Антон Николаевич любит рассказывать, как он познакомился со своей женой.

Он приехал в Петербург на медицинский конгресс. В Петербурге Антон был первый раз, он давно мечтал посмотреть этот удивительный город. Особенно он хотел посмотреть Эрмитаж, Русский музей, пойти в Петербургские театры.

Он увидел около вокзала театральную кассу и решил сначала купить билеты в театр или на концерт, а потом поехать в гостиницу.

Около кассы стояло несколько человек. Одна девушка сразу понравилась Антону. Наверно, она тоже только сейчас приехала, потому что около неё стоял чемодан. Он поставил чемодан около кассы и спросил девушку, в какой театр она советует ему пойти. Девушка ответила, что если бы она приехала в Петербург первый раз, то сначала пошла бы в консерваторию. Ведь в Петербурге

# 第十五课

## 他们是怎样认识的

当有客人来的时候,安东·尼古拉耶维奇总喜欢讲述,他是怎样和妻子认识的。

他到彼得堡参加医学会议。安东第一次到彼得堡,他很早就渴望看看这个令人惊奇的城市。他特别想看艾尔米塔什博物馆和俄罗斯博物馆,并且到彼得堡的剧院。

在火车站附近,他看到一个剧场售票亭,于是决定先买几张戏票或音乐会的票,然后再到宾馆去。

售票亭旁站着几个人,安东一下子就喜欢上一个女孩子。她大概也是刚来此地,因为她身旁放着一只行李箱。安东把自己的行李箱放在售票亭旁边,就问这位女孩建议他去哪个剧院。女孩回答,如果她是第一次到彼得堡来,她会先去看音乐学院。因为在彼得堡有个杰出的指挥家,叫叶夫格尼·姆拉温斯基。

тако́й прекра́сный дирижёр — Евге́ний Мрави́нский.

Анто́н был челове́к реши́тельный и сра́зу спроси́л, как зову́т де́вушку. Но она́ ничего́ не отве́тила, купи́ла биле́ты и ушла́.

Анто́н прие́хал в гости́ницу немно́го расстро́енный. В ко́мнате он откры́л свой чемода́н и вдруг уви́дел там каки́е-то же́нские ве́щи. Ну, коне́чно, де́вушка по оши́бке взяла́ его́ чемода́н. Анто́н обра́довался и реши́л, что тепе́рь он обяза́тельно до́лжен найти́ э́ту де́вушку. Он на́чал звони́ть во все гости́ницы о́коло вокза́ла.

— У вас живёт симпати́чная молода́я де́вушка с си́ними глаза́ми?

Ему́ отвеча́ли, что живу́т каки́е-то де́вушки, но с си́ними глаза́ми... Пото́м спра́шивали, как её фами́лия, отку́да она́ прие́хала...

Но е́сли бы Анто́н знал её фами́лию! Ведь он не знал да́же, как её зову́т.

И вдруг Анто́н вспо́мнил, что она́ говори́ла о консервато́рии. Коне́чно, она́ пошла́ в консервато́рию. И Анто́н пое́хал туда́. К сча́стью де́вушка действи́тельно была́ на конце́рте.

А на сле́дующий день они́ вме́сте пошли́ в теа́тр.

安东是个果断的人，立刻问女孩叫什么名字。但是她什么都没回答，买了票就走了。

安东来到旅馆，情绪有点不佳。在房间里，他打开行李箱，忽然看到行李箱里是一些妇女用品。啊，无疑的，那位小姐拿错了他的行李箱。安东很高兴，决定现在一定要找到这位女孩。他开始打电话到火车站附近的所有旅馆。

"你们那里有没有住着一位蓝色眼睛，讨人喜欢的年轻小姐呢？"

人家回答他，是有某几个小姐，但是蓝色眼睛的嘛……然后，人家问他，这位小姐姓什么，从什么地方来的……

但是，安东要是知道她姓什么就好了！他可甚至连女孩叫什么都不知道。

忽然间，安东想到，她说过音乐学院。当然她去了音乐学院。于是安东就到那里去。很幸运地，女孩确实是在听音乐会。

第二天他们就一起去剧院了。

## ДАВАЙТЕ ПОГОВОРИМ

1. В ТАКСИ

— Вам куда?

— Посоветуйте мне, пожалуйста, где можно остановиться в вашем городе?

— Очень советую вам остановиться в гостинице "Центральная". Это новая современная гостиница, она находится в центре города. Около гостиницы есть театр, недалеко от гостиницы музей.

— Ну, что ж, прекрасно, едем в гостиницу "Центральная".

2. НА УЛИЦЕ

— Вы не можете сказать мне, где здесь гостиница?

— Видите это здание? Гостиница недалеко от него. Такое высокое здание.

— Благодарю вас.

— Пожалуйста.

3. В ГОСТИНИЦЕ

— Скажите, пожалуйста, у вас есть свободные номера?

— Есть на 5-м этаже и на 7-м.

— Дайте, пожалуйста, номер на 5-м этаже.

— Ваш паспорт, пожалуйста.

## 会 话

1. 出租车里
   —您要去哪里?
   —请您给我建议一下,你们城里什么地方可以住?

   —我建议您住在"中央"旅馆。这是新的现代化旅馆,它就位于市中心。旅馆附近有剧院,离旅馆不远有博物馆。

   —嗯,那很好,咱们就去"中央"旅馆吧。

2. 在街上
   —您可不可以告诉我,这里什么地方有旅馆?
   —您看到这栋建筑吗?旅馆就离它不远。是一栋很高的建筑物。
   —谢谢您。
   —不用客气。

3. 旅馆里
   —请问,你们有没有空的房间?
   —有,在五楼和七楼。
   —那给我五楼的房间。
   —请出示您的护照吧。

— Пожа́луйста.

— А вот ваш ключ. Лифт там.

— Спаси́бо.

4. — Скажи́те, пожа́луйста, что э́то тако́е?

— Э́то но́вая гости́ница "Росси́я".

— Прекра́сное совреме́нное зда́ние.

— Да, и ря́дом Кремль, Москва́–река́...

— Действи́тельно, о́чень краси́во.

## ВЫРАЖЕНИЯ

(1) по оши́бке

(2) биле́т в теа́тр (в кино́...)
биле́т на конце́рт (на по́езд, на самолёт...)

—这就是。

—这是您的钥匙。电梯在那边。

—谢谢。

4. —请问,这是什么呢?

—这是新建的"俄罗斯"旅馆。

—很漂亮的现代化建筑。

—是啊,并且旁边就是克里姆林宫,还有莫斯科河……

—的确非常漂亮。

### 惯用语

(1) 弄错,做错……
(2) 戏票(电影票……)
  音乐会的票(火车票、飞机票……)

## ПРИМЕЧАНИЯ

1. 不定代词 какой-то 和带-то 的不定代词表示说话人知道有某人、某事、某物、某种特征，但不确切知道究竟是谁、是什么事、什么物，或是什么特征。这类不定代词除 какой-то(某种的)外，还有 что́-то(某事)，кто́-то(某人)，че́й-то(某人的)。

како́й-то 的词尾变化，和形容词一样，如：како́й-то ма́льчик(某个男孩)，кака́я-то де́вушка (某个小姐)，како́е-то письмо́ (某一封信)，каки́е-то кни́ги(某些书)。

2. 前置词 о́коло

о́коло 后面的名词，必须用第二格，表示：(1)在……旁边，在……附近，靠近；(2)大约，大概。例：

Около на́шей шко́лы большо́й сад.

我们学校旁边有一个大的花园。

Мы не ви́делись о́коло трёх лет.

我们大约有三年没见面了。

§ трёх 是 три 的第二格。

## ЗАПОМНИТЕ!

1. 不定数词的用法

| | | | |
|---|---|---|---|
| На остано́вке | стои́т | мно́го<br>немно́го<br>не́сколько | студе́нтов.<br>ма́льчиков.<br>шко́льников. |
| | стоя́ло | ма́ло | студе́нток.<br>де́вушек. |

§ 1. 不定数词表示不确定、不具体的数量，这类数词包括：мно́го（很多），немно́гог,（不多），ма́ло（少），нема́ло（不少），ско́лько（多少），не́сколько（几个），сто́лько（这样多）。

2. 不定数词与名词连用做主语时，名词一般用复数第二格，不过，连用的名词如果是不可数名词（包括：物质名词、抽象名词或集合名词），则用单数第二格。如：

ско́лько ра́дости（多少欢乐）

ма́ло во́здуха　（很少空气）

3. 不定数词和名词连用一起做主语时，谓语通常用单数（过去式用中性）形式。不过，Не́сколько 和名词一起做主语时，谓语可用单数或复数，例：

Прошло́ не́сколько лет.

过了几年。

Не́сколько челове́к вы́ступили вперёд.

几个人往前走去。（本句中，челове́к 是复数第二格。）

## ГРАММАТИКА

**假定式的假定**

（1）假定式的意义与构成

在俄语中，假定式表示说话人虚拟、假设的动作，这种动作实际上是不存在的，也就是与事实相反的。

假定式句是由动词过去式加上语气词 бы 构成。假定式句既然是由动词过去式构成，也就只有性、数的区别，而无人称的变化。

（2）假定式句的用法

假定式句没有时间的区别，可以用于现在、过去与未来。而假定式也可用于简单句或带条件从属句的复合句。

① 假定式简单句

Без ва́шей по́мощи я не ко́нчил бы рабо́ту к сро́ку.

要不是您的帮助，我是不能按时完成工作的。

② 假定式复合句

在做假定式用的带条件从属句的复合句中，从属句的假定式是由 если（假如，如果，要是）带领，而动词必须是过去式并配合语气词 бы 一起使用，从属句的假定式表示假定的条件，而主句中的假定式则表示在该假定的情况下可能发生的行为。

Е́сли бы ты вчера́ пришёл, ты бы встре́тил его́.

假如你昨天来的话，你就碰到他了。

Е́сли бы на земле́ не́ было воды́, не́ было бы и жи́зни.

假如陆地上没有水，也就没有生命。

## 2. 叙述式的假定

如果我们表示的行为并非与事实相反,而是在一定条件下可能实现的行为,就不能用假定式句,而必须用叙述式的假定。

叙述式的假定可以用现在式、过去式或未来式表达。此外,叙述式的假定必须与 если 连用,以复合句方式表达,如:

Éсли бу́дет хоро́шая пого́да, мы пое́дем за́ город.

如果将会有好天气,我们就出城去。

## 3. 假定式的假定与叙述式的假定之区别

(1) 假定式必须用过去式构成;具有假定意义的叙述式则可以用任何时间形式。

(2) 假定式可以与连接词 если 连用,也可以不与 если 连用;具有假定意义的叙述式则必须与 если 连用。

(3) 假定式是表达与事实相反的行为;叙述式所表示的假定,则是可能实现的行为。

(4) 假定式是表达与事实相反的行为,因此多半指情况已确定的过去式行为,但是也可以用在现在与未来情况已确定的行为;叙述式则表示情况不确定的行为,因此多半指将来的行为,但是也可以指现在与过去情况不确定的行为。试比较:

① Éсли бы я знал об э́том, я бы вам сказа́л.

要是我知道这件事,我就告诉您了。(事实上不知道)

Éсли я узна́ю об э́том, я вам скажу́.

如果我知道这件事,我将会告诉您。(将有可能知道)

② Éсли бы он доста́л биле́т на по́езд, он уе́хал бы сего́дня у́тром.

要是他买到火车票,他今天早晨就走了。(表示事实上他没买到火车票,也没离开。)

Если он достал билет на поезд, он уехал сегодня утром.
如果他买到火车票，他今天早晨就走了。(他是否买到票，是否走了，说话者并不确定。)

## УПРАЖНЕНИЯ

1. 填空

   (1) Антон хочет купить _____ (какой-то) книгу в магазине "Дружба".

   (2) Я думаю, что я забыл свой портфель в _____ (какой-то) книжном магазине.

   (3) Вас спрашивал _____ (какой-то) молодой человек.

   (4) Наши знакомые живут на _____ (какой-то) новой улице.

   (5) Я взял эту газету у _____ (какой-то) молодого человека.

   (6) Профессор Петров спрашивал _____ (какой-то) студентов.

   (7) Около _____ (ваш дом) находится гостиница?

   (8) детский мир находится около _____ (Большой театр).

   (9) Я видел Веру около _____ (наша библиотека).

   (10) Я встретил Ларису около _____ (твой университет).

   (11) Театральная касса стоит около _____ (новая гостиница).

   (12) Вчера на выставку _____ (прийти) много посетителей.

   (13) _____ (Пройти) много времени.

   (14) Вчера в зале _____ (быть) несколько незнакомых человек.

   (15) Сейчас на постройке _____ (работать) немало женских бригад.

**2. 将以下叙述式的假定变成假定式的假定。**

例：*Мы пообедаем вместе, если вы скоро придёте.*

→*Мы пообедали бы вместе, если бы вы скоро пришли.*

(1) Нина поговорит с профессором, если он будет в институте.

(2) Я позвоню вам, если вы оставите свой телефон.

(3) Вы не будете болеть, если будете заниматься спортом.

(4) Я встречу тебя, если ты пошлёшь телеграмму.

(5) Она найдёт эту девушку, если будет знать её фамилию.

(6) Я пойду в кино, если у меня будет время.

(7) Антон и Вера пойдут в субботу в поход, если будет хорошая погода.

(8) Ивану Ивановичу понравится новый сосед, если он играет в шахматы.

(9) Вадим познакомит нас со своим знаменитым другом, если мы его встретим.

(10) Мы с удовольствием посмотрим новый фильм, если мы купим билеты.

# словарь

(1) глаз  (复数 глаза́) 眼睛, 目光

(2) гости́ница  旅馆

(3) дирижёр  指挥家

(4) е́сли  如果, 要是

(5) же́нский  女性的, 妇女的, 女人用的

(6) како́й-то  某个, 某种; 不知怎样的

(7) ключ  钥匙

(8) находи́ться  位于(何处); (何处)有……

(9) найти́  (完成体; 过去式 нашёл, нашла́, нашло́ нашли́) 发现, 找到

(10) но́мер  (复数 номера́) 号码; (旅馆)房间

(11) оши́бка  错误

(12) останови́ться  (完成体) 停住; 住下, 逗留

(13) откры́ть  (完成体; откро́ю, откро́ешь...) 打开, 创设

(14) поста́вить  (完成体; поста́влю, поста́вишь...) 立放, 竖放, 摆

(15) театра́льный  戏剧的

(16) си́ний  蓝色的

(17) свобо́дный  空的, 空间的, 自由的

(18) удиви́тельный  令人惊奇的

(19) ка́сса  售票处; 收款处

(20) Кре́мль  克里姆林宫

# УРОК 16

## НАШ АВТОБУС УЧИТСЯ

111 (сто одиннадцатый) автобус идёт из центра на Ленинские горы, где находится университет имени Ломоносова. Я очень люблю этот автобус весной, в мае, когда студенты сдают экзамены. Утром в автобусе всегда много студентов, весёлых и шумных. Все едут с книгами, с портфелями.

Если я еду на работу в таком автобусе, у меня весь день хорошее настроение. Вчера был такой день. Я вошёл в автобус, сел около окна и увидел: одни читают, другие о чём-то разговаривают. Вот студенты, которые, наверно, едут сдавать экзамен по истории. Они спрашивают: "Когда была первая русская революция? — В 1905 (тысяча девятьсот пятом) году".

В автобусе шумно, весело. Новый человек удивляется, когда видит в автобусе такое весёлое настроение. На Ленинском проспекте в автобус вошла старая женщина, увидела, что все читают, и удивилась. "Садитесь,

# 第十六课

## 我们整个公共汽车的人都在学习

111号公共汽车从市中心开往列宁山,那里有罗曼诺索夫大学。在春天的5月里,正当学生参加考试的时候,我就非常喜欢这路公共汽车。早上在公共汽车里,总有很多快乐又热闹的大学生们。

如果我坐在这样的公共汽车里去上班,我整天的心情都会很好。昨天一天就是这样。我上了公共汽车,坐在靠窗的位置。于是看到一些人正在看书,另外的人正谈些什么。这儿有几个学生可能要去参加历史考试。他们在问:"第一次俄国革命是什么时候呢?""1905年。"

公共汽车里是热热闹闹、快快乐乐的。一个新来的人看到公共汽车里如此快乐的气氛,会觉得很惊奇。在列宁大街,公共汽车里上来了一位年老的妇女,看见大家都在看书,大为惊奇。"请坐,"一个蓝色眼睛的女孩让座位给她,并且说:

пожа́луйста", — уступи́ла ей ме́сто синегла́зая де́вушка и сказа́ла: "Не удивля́йтесь, наш авто́бус у́чится".

Вот о́коло окна́ сиди́т де́вушка, кото́рая, ка́жется, ничего́ не ви́дит, кро́ме кни́ги. Оди́н студе́нт помога́ет но́вому пассажи́ру разменя́ть де́ньги, что́бы взять биле́т: авто́бус рабо́тает без конду́ктора. Друго́й студе́нт объясня́ет двум пассажи́рам, где нахо́дится Всеросси́йский выставочный центр. Он сове́тует им пересе́сть на метро́.

Когда́ я вы́шел из авто́буса, я уви́дел у шофёра уче́бник англи́йского языка́ и вспо́мнил слова́ де́вушки: "Наш авто́бус у́чится".

 ДАВА́ЙТЕ ПОГОВОРИ́М

1. В АВТО́БУСЕ
   — Это авто́бус без конду́ктора?
   — Да, здесь автома́т.
   — Но у меня нет 5 (пяти́) копе́ек. Вы не разменя́ете 15 копе́ек?
   — Пожа́луйста.
   — Большо́е спаси́бо.

"请不用奇怪,我们整个公共汽车都在学习。"

靠窗这里坐着一位女孩,她似乎除了书外,什么都没有看到。有一个大学生正在帮一位刚来的乘客兑换零钱买票。因为公共汽车上没有售票员。另有一个大学生在为两个乘客说明,全俄展览中心位于什么地方。他建议他们换乘地铁。

当我走出公共汽车,我看到司机身边有一本英语课本,就想起那位女孩说的话:"我们整个公共汽车都在学习。"

## 会 话

1. 在公共汽车里
   —这是无人售票公共汽车吗?
   —是,这里有自动售票机。
   —但是,我没有5戈比的硬币。您能兑开15戈比吗?

   —可以。
   —多谢。

2. Мы с ва́ми, ка́жется, знако́мы?
– Вы не выхо́дите на сле́дующей остано́вке?
– Нет.
– Разреши́те пройти́.
– Извини́те, мне о́чень знако́мо ва́ше лицо́. Вы не рабо́таете на заво́де "Автомото́р"?
– Да, рабо́таю.
– А я рабо́тал в ва́шем отде́ле почти́ год. Не узнаёте?
– Ко́ля, ты?
– Я, И́горь Никола́евич.
– Где ты сейча́с? У́чишься?
– Студе́нт второ́го ку́рса.
– А почему́ ты не захо́дишь в отде́л? Ребя́та вспомина́ют о тебе́. Приходи́ обяза́тельно.
– Спаси́бо. Обяза́тельно зайду́ по́сле экза́менов, И́горь Никола́евич.
– Ну, я выхожу́. Не забыва́й, заходи́!

3. РАЗГОВО́Р ОБ ЭКЗА́МЕНАХ
– Когда́ у вас в Росси́и экза́мены?
– В институ́тах и университе́тах два ра́за в год: зимо́й и весно́й. Зимо́й экза́мены в январе́.
– А весно́й?
– Весно́й в ма́е–ию́не.
– А в шко́ле?

2. 我们好像认识？
   —您下一站不下车吗？
   —不。
   —请借过。
   —对不起，我看您很面熟。您是不是在汽车发动机厂工作？
   —是啊，我在那儿工作。
   —我在您们科工作过将近一年的时间。您认不出我吗？
   —你是科利亚？
   —伊戈尔·尼古拉耶维奇，我就是。
   —你现在在哪里呢？上学吗？
   —我是大学二年级学生。
   —你为什么不到科里来？大伙儿常会想起你。你一定要来啊。
   —谢谢。伊戈尔·尼古拉耶维奇，考完试我一定去。

   —好，我要下车了。别忘了，来玩！

3. 谈论考试
   —你们俄罗斯什么时候举行考试？
   —在各技术学院和大学一年两次：冬天和春天。冬天考试是在一月。
   —那春天呢？
   —春天是在五六月。
   —那在中小学呢？

— В шко́ле экза́мены то́лько в 8 (восьмо́м) и 10 (деся́том) кла́ссах.
— То́же зимо́й и весно́й?
— Нет, в шко́лах экза́мены оди́н раз в год — весно́й.
— А когда́?
— То́же в ма́е–ию́не.

4. НА ЭКЗА́МЕНЕ В ШКО́ЛЕ
— Тепе́рь я хочу́ зада́ть вам не́сколько вопро́сов. Кто и когда́ основа́л Москву́?
— Москву́ основа́л Ю́рий Долгору́кий в 1147 (ты́сяча сто со́рок седьмо́м) году́.
— Пра́вильно. А когда́ был осно́ван Моско́вский университе́т?
— В 1755 (ты́сяча семьсо́т пятьдеся́т пя́том) году́.
— А кто основа́л Моско́вский университе́т?
— Ломоно́сов.
— Пра́вильно. Михаи́л Васи́льевич Ломоно́сов. Поэ́тому мы говори́м: Моско́вский университе́т и́мени Ломоно́сова.

—在中小学里只有八年级与十年级才有考试。

—也是在冬天和春天吗?
—不,在中小学里考试一年一次,在春天。
—那么是什么时候呢?
—也是在五六月。

4. 学校考场上
—现在我想向您提出几个问题。是谁并且在什么时候建立了莫斯科?
—莫斯科是长臂尤利在1147年建立的。

—正确。那莫斯科大学是什么时候建立的呢?

—在1755年。
—那是谁建立了莫斯科大学?
—罗蒙诺索夫。
—正确。正是米哈伊尔·瓦西里耶维奇·罗蒙诺索夫。因此我们称做:莫斯科罗蒙诺索夫大学。

## ВЫРАЖЕНИЯ

(1) сдава́ть экза́мен
    сдать экза́мен

(2) оди́н (одна́, одни́)... друго́й (друга́я, други́е)...

(3) У меня́ хоро́шее (плохо́е, весёлое...) настрое́ние.

(4) Разреши́те пройти́.

(5) пе́рвый (второ́й, тре́тий...) курс

(6) Сади́сь, пожа́луйста!
    Сади́тесь, пожа́луйста!

**惯用语**

(1) 参加考试
通过考试,考试及格
(2) 一个(一个、一些)……另一个(另一个、一些)……
(3) 我心情很好(不好,快乐……)。
(4) 请借过,请让我过去。
(5) 大学一年级(二年级,三年级……)
(6) 请坐!(说话对象是 ты 时)
请坐!(说话对象是 вы 时)

# ПРИМЕЧАНИЯ

1. 罗蒙诺索夫大学 (университе́т и́мени Ломоно́сова) 即莫斯科国立大学。莫斯科大学的全名是莫斯科国立罗蒙诺索夫大学 (Моско́вский госуда́рственный университе́т и́мени М.В. Ломоно́сова)。

2. 100 至 1000 的数词与序数词

|      | 数 词 | 序 数 词 |
|------|-------|---------|
| 100  | сто   | со́тый   |
| 200  | две́сти | двухсо́тый |
| 300  | три́ста | трёхсо́тый |
| 400  | четы́реста | четырёхсо́тый |
| 500  | пятьсо́т | пятисо́тый |
| 600  | шестьсо́т | шестисо́тый |
| 700  | семьсо́т | семисо́тый |
| 800  | восемьсо́т | восьмисо́тый |
| 900  | девятьсо́т | девятисо́тый |
| 1000 | ты́сяча | ты́сячный |

3. войти́ (进来) 的动词变化

由于 войти́ 是完成体动词，所以没有现在式变化。

将来式

я войду́
ты войдёшь
он войдёт
мы войдём
вы войдёте
они́ войду́т

过去式

он вошёл
она́ вошла́
оно́ вошло́
они́ вошли́

4. Другой студент объясняет <u>двум пассажирам</u>, где находится Всероссийский ваставочный центр.

文中的 двум пассажирам 是 два пассажира（两位乘客）的第三格。关于数词的变格以后再介绍。

**ЗАПОМНИТЕ!**

1. 名词复数第三格

— Кому вы купили журналы?
您买杂志给谁？

— Студентам.
给大学生们。

| кому? | студентам | （大学生们） |
| | детям | （女孩子们） |
| | братьям | （兄弟们） |
| | друзьям | （朋友们） |
| | студенткам | （女大学生们） |
| | сёстрам | （姐妹们） |

§ Кому 是 кто 的第三格。

2. когда?（什么时候？）В каком году?（哪一年？）

Когда
В каком году } родился ваш сын?

您的儿子何时（哪一年）出生的？

В тысяча девятьсот шестьдесят восьмом (году).

1968年。

## 3. садиться(完成体是 сесть)与сидеть

— Он садится на стул.

他往椅子上坐。

— Он сидит на стуле.

他坐在椅子上。

§ 1. садиться(往……坐下)表示动作方向,配合前置词 на 时,后面须加名词第四格。
  2. сидеть(坐着),表示静态的地点,配合前置词 на 时,须加名词第六格。

ГРАММАТИКА

### 1. 合成序数词的变格

简单序数词(如:первый, второй...)是由一个词干构成的序数词。复合序数词(如:одиннадцатый, двадцатый, двухсотый...)是由两个或两个以上词干构成的序数词。简单序数词与复合序数词的变格与形容词相同。

合成序数词是由几个简单数词(如:один, два, сто, тысяча...)或复合数词(如:одиннадцать, двадцать, двести...),再加上末尾的序数词构成。如:двадцать первый(第21), тысяча девятьсот шестидесятый(第1960)。

合成序数词只有末尾一个数词有性、数、格的变化,它前面所有的组成部分都不变格。例如:

в двадцать первой группе （在第21班）

к ты́сяча девятьсо́т шестидеся́тому го́ду（到 1960 年）

## 2. 年代的表示法

俄语中，年代是用序数词表达，如：ты́сяча девятьсо́т со́рок восьмо́й год（第 1948 年），若表示"在……年"，则须配合前置词 в，并将年数用第六格表达，而 год（年）的第六格是году́。如：

Он роди́лся в ты́сяча девятьсо́т со́рок восьмо́м году́.

他生于 1948 年。

如果年份与月份共用，或年份与月份、日期共用时，年份常用第二格表达。如：

В январе́ ты́сяча девятьсо́т со́рок восьмо́го го́да.

在 1948 年 1 月。

За́втра бу́дет два́дцать второ́е ию́ля ты́сяча девятьсо́т девяно́сто второ́го го́да.

明天将是 1992 年 7 月 22 日。

Он роди́лся пе́рвого января́ ты́сяча девятьсо́т семна́дцатого го́да.

他生于 1917 年 1 月 1 日。

### 1. 用括号内的词回答问题。

(1) Кому́ он сказа́л об э́том? (друзья́)

(2) Кому́ вы показа́ли э́ти краси́вые ма́рки? (това́рищи)

(3) Кому́ учи́тель дал э́ти но́вые уче́бники? (ученики́)

（4）Кому рассказывает Вадим о своей командировке на север? (знакомые)

（5）Кому часто помогает ваш брат? (соседи)

（6）Кому читает лекцию по литературе профессор Иванов? (аспиранты)

（7）Кому ты часто пишешь? (родители)

（8）Кому не нравится, когда профессор не принимает экзамен? (студентки)

（9）Кому Антон послал письмо? (сёстры)

（10）Кому нравится играть на рояле? (девушки)

2. 按下例回答问题。

> 例：*Ваш сын родился в 1960 году?* (1963)
> →*Нет, в тысяча девятьсот шестьдесят третьем году.*
>
> （1）Твой брат родился в 1945 году? (1944)
>
> （2）Твой отец родился в 1922 году? (1920)
>
> （3）Ваша дочь родилась в 1967 году? (1966)
>
> （4）Твой друг родился в 1951 году? (1949)
>
> （5）В 1962 году ему было двадцать два года? (1959)
>
> （6）В 1988 году Максим пошёл в школу? (1987)

3. 填空

（1）Максим родился _____ (1972 год).

（2）Наташа родилась _____ (апрель, 1937 г.).

（3）Завтра будет _____ (20-ое, май, 1993 г.).

（4）Мой сын родился _____ (10-ое, октябрь, 1960 г.).

（5）Наша бабушка родилась _____ (1901 г.).

（6）_____ (1973 г.) она кончила институт?

# словарь

(1) аспира́нт （男）研究生
(2) аспира́нтка （女）研究生
(3) конду́ктор （火车、公共汽车等）售票员
(4) коне́ц 末尾,终点
(5) кро́ме （前置词;要求第二格）除……以外
(6) класс 年级,班级,教室
(7) ле́кция （大学里的）讲课
(8) настрое́ние 情绪,心情
(9) нача́ло 开始,起初
(10) отде́л 部门,科,处
(11) объясня́ть — объясни́ть 解释,说明
(12) присыла́ть — присла́ть (пришлю́, пришлёшь... пришлю́т) 寄来,派来
(13) проходи́ть — пройти́ 经过,走过,通过
(14) разреша́ть — разреши́ть 准许,允许
(15) разме́нивать — разменя́ть 兑换开
(16) револю́ция 革命
(17) сдава́ть — сдать 交给,考试
(18) синегла́зый 蓝眼睛的
(19) уступа́ть — уступи́ть 让出
(20) экза́мен 考试
(21) шу́мный 热闹的,嘈杂的
(22) осно́вывать — основа́ть 创立,建立

(23) знако́мый  熟悉的，认识的
(24) проспе́кт  大街
(25) переса́живать — пересе́сть  换车，改乘交通工具

# 练习解答
# КЛЮЧ К УПРАЖНЕНИЯМ

## УРОК 1

(1) Нашему соседу
(2) Моей сестре
(3) Вашей учительнице
(4) Нам
(5) мне
(6) её
(7) Его брата
(8) этому мальчику
(9) Нине
(10) Ивану Ивановичу

## УРОК 2

1. (1) В нашем городе нет театра.
   (2) В этом парке нет кинотеатра.
   (3) У меня нет фотографии Таня.
   (4) В нашем городе нет метро. (метро 的词尾永不变化)
   (5) У меня нет журнала.
   (6) В этой квартире нет горячей воды.
   (7) У Виктора нет телефона.
   (8) Сестры нет дома. 或 Её нет дома.

2. (1) Брата нет дома. Его нет дома.
   (2) Дедушки нет дома. Его нет дома.

(3) Нины нет дома. Её нет дома.

(4) Отца нет дома. Его нет дома.

(5) Учительницы нет дома. Её нет дома.

(6) Максима и Тани нет дома. Их нет дома.

## УРОК 3

(1) ① Здесь нет университета.

② Здесь не будет университета.

③ Здесь не было университета.

(2) ① Здесь нет института.

② Здесь не будет института.

③ Здесь не было института.

(3) ① Здесь нет школы.

② Здесь не будет школы.

③ Здесь не было школы.

(4) ① Здесь нет воды.

② Здесь не будет воды.

③ Здесь не было воды.

(5) ① Здесь нет книг.

② Здесь не будет книг.

③ Здесь не было книг.

(6) ① Ивана и Веры нет дома.

② Ивана и Веры не будет дома.

③ Ивана и Веры не было дома.

(7) ① На этой улице нет остановки автобуса.

② На этой улице не будет остановки автобуса.

③ На этой улице не было остановки автобуса.

(8) ① У меня нет телефона.

② У меня не будет телефона.

③ У меня не было телефона.

(9) ① На столе нет письма.

② На столе не будет письма.

③ На столе не было письма.

(10) ① У него нет брата.

② У него не будет брата.

③ У него не было брата.

## УРОК 4

1. (1) Тебе     (2) Максиму    (3) Ей
   (4) Нам      (5) Ему        (6) Вам
   (7) Наташе   (8) Им         (9) Мне
   (10) Студенту

2. (1) из   (2) с   (3) из
   (4) из   (5) с   (6) из
   (7) с    (8) с   (9) из
   (10) с

## УРОК 5

1. (1) русский        (2) француз
   (3) Украинский     (4) Эстонский

(5) испанка (6) армяне
(7) русская (8) француженка
(9) испанцы (10) Английский

2. (1) моего брата (2) твоей сестры
(3) нашего отца (4) вашего соседа
(5) нашего дедушки (6) моего брата, моей сестры
(7) вашей учительницы (8) нашей бабушки

## УРОК 6

1. (1) ком (2) ней (3) них
(4) тебе (5) мне (6) нас
(7) нём (8) вас (9) них
(10) ней

2. (1) вкусный, вкусно (2) жаркий, жарко
(3) хорошо, хорошая (4) холодное, холодно
(5) серьёзно, серьёзные (6) плохо, плохой

## УРОК 7

1. (1) со мной (2) с ней (3) с ними
(4) с тобой (5) с ним (6) с ними
(7) с ними (8) с нами (9) с вами
(10) с ней

2. (1) двадцать восьмое февраля

(2) Третьего мая

(3) двенадцатого сентября

(4) тридцать первое

(5) Десятого октября

(6) девятнадцатое августа

(7) в январе

(8) второго июня

(9) двадцать четвёртого декабря

(10) в июле

## УРОК 8

1. (1) Ивану, ему  (2) Вам
   (3) Им  (4) Антону и Нине
   (5) Нам  (6) Тебе
   (7) Мне  (8) Ей
   (9) Брату и сестре, им  (10) Вере
   (11) Ане  (12) Учителю

2. (1) Москвой  (2) другом
   (3) Зиной  (4) Аней
   (5) учительницей  (6) Валей
   (7) молоком  (8) братом
   (9) сестрой  (10) Иваном

# УРОК 9

1. (1) Отец Ани будет шофёром.

   Отец Ани был шофёром.

   (2) Анна Петровна будет учительницей.

   Анна Петровна была учительницей.

   (3) Дедушка Маши будет инженером-строителем.

   Дедушка Маши был инженером-строителем.

   (4) Бабушка Вадима будет архитектором.

   Бабушка Вадима была архитектором.

   (5) Мама Зины будет крановщицей.

   Мама Зины была крановщицей.

   (6) Татьяна будет студенткой.

   Татьяна была студенткой.

2. (1) Я стану врачом.
   (2) Она хочет стать учительницей.
   (3) Она стала физиком.
   (4) Она работает крановщицей.
   (5) Она работала стюардессой.
   (6) Он был монтёром.
   (7) Он хочет быть профессором.
   (8) Он станет учителем.
   (9) Я буду композитором.
   (10) Она была инженером.

## УРОК 10

1. (1) Моим старым другом
   (2) твоим младшим братом
   (3) своей старой знакомой
   (4) своей мамой
   (5) нашим первым учителем
   (6) вашей младшей сестрой
   (7) известным архитектором
   (8) хорошим врачом
   (9) большим серьёзным мальчиком
   (10) красивой девушкой
   (11) моей младшей сестрой
   (12) самым обыкновенным человеком

2. (1) прилежнейший; самый прилежный
   (2) сильнейший; самый сильный
   (3) старейший; самый старый
   (4) древнейший; самый древний
   (5) простейший; самый простой
   (6) величайший; самый великий
   (7) богатейший; самый богатый
   (8) высочайший; самый высокий

## УРОК 11

1. (1) Максиму (2) Ему (3) мне
   (4) ей (5) Нине (6) Нам
   (7) тебе (8) Сергею (9) Ане
   (10) Братьям (11) студентами (12) строителями
   (13) девушками (14) родителями (15) товарищами
   (16) братьями (17) друзьями (18) Студентам
   (19) посетителям (20) учиницам

## УРОК 12

1. (1) бассейнов (2) вопросов
   (3) учеников, работ (4) вопросов
   (5) тысяч (6) брата
   (7) сестёр (8) посетителя
   (9) студент, студенток (10) девушек

2. (1) из (2) с (3) с
   (4) с (5) из (6) из
   (7) из (8) из (9) с
   (10) из

## УРОК 13

(1) хороших пластинок

(2) редких английских марок

(3) новых подруг

(4) больших современных лабораторий

(5) красивых парков

(6) иностранных журналов

(7) этих молодых людей

(8) этих симпатичных девушек

(9) этих старых рабочих

(10) тех студентов

(11) этой библиотеке, той

(12) этом здании, том

(13) этом киоске, том

(14) этих комнатах, тех

(15) знаменитых композиторов

(16) своих старых друзей

(17) эти журналы

(18) новых газет

(19) эту красивую девушку

(20) тех молодых студенток

## УРОК 14

1. (1) Русская грамматика сложнее грамматики английского языка.

   (2) Володя выше Веры.

   (3) Новый костюм дороже старого.

   (4) Золото тяжелее железа.

   (5) Иван говорит по-английски лучше Олега.

(6) Олег рассказывает интереснее Зины.

(7) Книга интереснее фильма.

(8) Нина старше Максима.

(9) Я знаю русский язык хуже её.

(10) Он знает химию лучше физики.

2. (1) вернее      (2) сильнее     (3) смелее
   (4) холоднее    (5) теплее      (6) дороже
   (7) моложе      (8) хуже        (9) меньше
   (10) реже       (11) старше     (12) тише
   (13) жарче      (14) больше     (15) богаче

## УРОК 15

1. (1) какую-то         (2) каком-то
   (3) какой-то         (4) какой-то
   (5) какого-то        (6) каких-то
   (7) вашего дома      (8) Большого театра
   (9) нашей библиотеки (10) твоего университета
   (11) новой гостиницы (12) пришло
   (13) Прошло          (14) было
   (15) работает

2. (1) Нина поговорила бы с профессором, если бы он был в институте.

   (2) Я позвонил бы вам, если бы вы оставили свой телефон.

   (3) Вы не болели бы, если бы занимались спортом.

(4) Я встретил бы тебя, если бы ты послали телеграмму.

(5) Она нашла бы эту девушку, если бы знала её фамилию.

(6) Я пошёл (пошла) бы в кино, если бы у меня было время.

(7) Антон и Вера пошли бы в субботу в поход, если бы была хорошая погода.

(8) Ивану Ивановичу понравился бы новый сосед, если бы он играл в шахматы.

(9) Вадим познакомил бы нас со своим знаменитым другом, если бы мы его встретили.

(10) Мы с удовольствием посмотрели бы новый фильм, если бы мы купили билеты.

## УРОК 16

1. (1) Он сказал об этом друзьям.

    (2) Я показал эти красивые марки товарищам.

    (3) Учитель дал эти новые учебники ученикам.

    (4) Вадим рассказывает знакомым о своей командировке на север.

    (5) Мой брат часто помогает соседям.

    (6) Профессор читает лекцию по литературе аспирантам.

    (7) Я часто пишу родителям.

    (8) Студенткам не нравится, когда профессор не принимает экзамен.

    (9) Антон послал письмо сёстрам.

    (10) Девушкам нравится играть на рояле.

2. (1) Нет, в тысяча девятьсот сорок четвёртом году.
   (2) Нет, в тысяча девятьсот двадцатом году.
   (3) Нет, в тысяча девятьсот шестьдесят шестом году.
   (4) Нет, в тысяча девятьсот сорок девятом году.
   (5) Нет, в тысяча девятьсот пятьдесят девятом году.
   (6) Нет, в тысяча девятьсот восемьдесят седьмом году.

3. (1) В тысяча девятьсот семьдесят втором году
   (2) В апреле тысяча девятьсот тридцать седьмого года
   (3) двадцатое мая тысяча девятьсот девяносто третьего года
   (4) десятого октября тысяча девятьсот шестидесятого года
   (5) в тысяча девятьсот первом году
   (6) В тысяча девятьсот семьдесят третьем году

# 附录一
# ПРИЛОЖЕНИЯ I
# ТАБЛИЦА ИМЁН

## 俄国常见人名检索表

### (1) 男性

| 名　字 | 简　称 | 昵　称 |
|---|---|---|
| Алекса́ндр | Са́ша, Шу́ра, Са́ня (А́лик) | Са́шенька, Са́шечка, Шу́рочка, Са́нечка, Сашу́ня |
| Алексе́й | Алёша, Лёша | Алёшенька, Лёшенька |
| Анато́лий | То́ля | То́лик, То́ленька, То́лечка, То́люшка |
| Андре́й | Андрю́ша | Андрю́шенька, Андре́йка |
| Анто́н | Анто́ша (То́ща) | Анто́шенька |
| Арка́дий | Арка́ша | Арка́шенька |
| Бори́с | Бо́ря (Бо́ба, Боб) | Бо́ренька, Бо́речка |
| Вади́м | Ва́дик (Ва́дя) | Ва́денька |
| Валенти́н | Ва́ля | Валёк, Ва́лечка, Ва́ленька |
| Вале́рий | Вале́ра (Ва́ля, Ле́ра) | Вале́рочка |
| Валерья́н | Вале́ра (Ва́ля, Ле́ра) | Вале́рочка |
| Васи́лий | Ва́ся | Ва́сенька |
| Вениами́н | Ве́ня | Ве́нечка, Ве́нюшка |
| Ви́ктор | Ви́тя | Ви́тенька, Витю́ша |
| Вита́лий | Ви́тя | Вита́лик |

255

| 名　字 | 简　称 | 昵　称 |
|---|---|---|
| Влади́мир | Воло́дя, Во́ва | Воло́денька, Во́вочка Воло́дик |
| Владисла́в | Вла́дик, Вла́дя, Сла́ва | Вла́денька, Владю́ша |
| Все́волод | Се́ва | Се́вочка |
| Вячесла́в | Сла́ва, Сла́вик | Сла́вочка |
| Генна́дий | Ге́ня, Ге́на, Ге́ша | Ге́нечка |
| Гео́ргий, Его́р | Жо́ра, Жорж, Го́ша, Го́га (Го́ра) | Жо́рочка, Его́рушка, Го́шенька |
| Ге́рман | Ге́ра (Ге́ша) | Ге́рочка |
| Глеб | Глеб | Гле́бушка |
| Григо́рий | Гри́ша | Гри́шенька, Гришу́ня, Гришу́та, Гришу́нька |
| Дми́трий | Ди́ма, Ми́тя | Ди́мочка, Ми́тенька, Митю́ша |
| Евге́ний | Же́ня (Ге́ня) | Же́нечка, Ге́нечка |
| Ива́н | Ва́ня | Ваню́ша, Ва́нечка, Ванюше́чка, Ваню́шка, Ива́нушка |
| И́горь | И́горь, Го́га, Го́ша (Го́ра) | Игорёк, Го́шенька, Го́гочка, Игорю́шка |
| Илья́ | Илю́ша, Илью́ша | Илью́шенька, Илю́шечка |
| Климе́нт | Клим | Кли́мочка |
| Константи́н | Ко́стя | Ко́стенька, Костю́ша, Костю́шка, Ко́тик |
| Лев | Лёва | Лёвушка |
| Леони́д | Лёня | Лёнечка |

| 名　字 | 简　称 | 昵　称 |
|---|---|---|
| Лео́нтий | Лёня | Лёнечка |
| Макси́м | Макс | Макси́мочка |
| Михаи́л | Ми́ша | Ми́шенька, Мишу́тка |
| Мстисла́в | Сла́ва | Сла́вочка, Сла́вик |
| Ники́та | Ни́ка | Ники́тушка |
| Никола́й | Ко́ля | Ко́ленька, Никола́ша |
| Оле́г | Оле́г | Оле́жек, Оле́женька, Оле́жечка |
| Па́вел | Па́ша | Па́шенька, Па́влик, Павлу́ша, Павлу́шенька |
| Пётр | Пе́тя | Пе́тенька |
| Родио́н | Ро́дя | Ро́денька |
| Рома́н | Ро́ма | Ро́мочка, Рома́ша |
| Ростисла́в | Сла́ва, Ро́стя | Сла́вочка, Ро́стик, Сла́вик |
| Серге́й | Серёжа | Серёженька |
| Станисла́в | Ста́сик (Сла́ва, Стась) | Ста́синька |
| Степа́н | Стёпа | Стёпочка |
| Фёдор | Фе́дя | Фе́денька, Федю́шка |
| Эдуа́рд | Э́дик | Э́динька |
| Ю́рий | Ю́ра | Ю́рочка |
| Я́ков | Я́ша | Я́шенька |

(2) 女性

| 名字 | 简称 | 昵称 |
|---|---|---|
| А́да, Аделаи́да | А́да | А́дочка |
| Алекса́ндра | Са́ша, Шу́ра, Са́ня | Са́шенька, Сашу́ра, Шу́рочка |
| Али́на | А́ля (Ли́на) | А́ленька |
| А́лла | А́ля | А́лочка |
| Анаста́сия, Наста́сья | На́стя, Та́ся, (А́ся) | Настю́ша, На́стенька, Та́сенька, Настю́шка, Тасю́ша, Та́сечка |
| А́нна | А́ня, Ню́ра (Ню́ня, Ню́та, Ню́ша, Ню́ся) | А́нечка, Аню́та, Аню́точка, Анну́шка, Ню́рочка |
| Бе́лла (Бе́ла, Бэ́ла) | Бе́ла (Бэ́ла) | Бе́лочка, Бэ́лочка |
| Валенти́на | Ва́ля (Ти́на) | Валю́ша, Ва́лечка, Валю́шенька |
| Вале́рия | Ва́ля, Ле́ра | Ле́рочка, Вале́рочка |
| Варва́ра | Ва́ря (Ва́ва) | Варю́ша, Ва́ренька, Варю́шенька |
| Ве́ра | Ве́ра | Ве́рочка, Веру́ша, Веру́шенька |
| Верони́ка | Ни́ка, Ве́ра, Ви́ка | Ни́кочка |
| Гали́на | Га́ля | Га́лечка, Га́лочка, Га́ленька |
| Да́рья | Да́ша | Да́шенька |
| Жа́нна | Жа́нна | Жа́ночка, Жану́ся |
| Евге́ния | Же́ня | Же́нечка, Женю́ра |

| 名　字 | 简　称 | 昵　称 |
|---|---|---|
| Евдоки́я (Авдо́тья) | Ду́ся, Ду́ня | Ду́сенька, Ду́нечка, Дуня́ша, Дуня́шенька |
| Екатери́на, Катери́на | Ка́тя | Катю́ша, Ка́тенька, Катю́шенька |
| Еле́на (Алёна) | Ле́на (Лёля) | Ле́ночка |
| Елизаве́та (Лизаве́та) | Ли́за | Ли́зочка |
| Зинаи́да | Зи́на | Зи́ночка |
| Зо́я | Зо́я | Зо́енька, Зо́ечка |
| Изабе́лла, (Изабэ́лла) | Бе́лла (Бе́ла, Бэ́ла, И́за) | Бе́лочка |
| И́нна | И́нна | И́нночка, Ину́ся, Ину́ля |
| Ине́сса | И́на | И́ночка, Ину́ля, Ину́ся |
| Ираи́да | И́ра, И́да | И́рочка |
| Ири́на (Ари́на) | И́ра | И́рочка, Ири́ша |
| Капитоли́на | Ка́па (Ли́на, То́ля) | И́рочка, Ири́ша |
| Ки́ра | Ки́ра | Ки́рочка |
| Кла́вдия | Кла́ва (Кла́ня, Кла́ша) | Кла́вочка, Клавдю́ша, Кла́вденька |
| Кла́ра | Кла́ра | Кла́рочка |
| Ксе́ния (Акси́нья) | Ксе́ня (А́ся) | Ксю́шенька, А́сенька |
| Лари́са | Ла́ра (Ло́ра) | Ла́рочка, Ла́ринька |
| Ли́дия | Ли́да (Ли́ля) | Ли́дочка |

| 名 字 | 简 称 | 昵 称 |
|---|---|---|
| Ли́лия | Ли́ля | Ли́лечка |
| Любо́вь | Лю́ба | Лю́бочка, Люба́ша |
| Людми́ла | Лю́ся, Ми́ла, Лю́да | Лю́сенька, Ми́лочка, Лю́бочка |
| Ма́йя | Ма́я | Ма́ечка |
| Маргари́та | Ри́та | Ри́точка, Риту́ля |
| Мари́на | Мари́на (Ма́ра, Ри́на) | Мари́ночка, Мари́ша |
| Мари́я, Ма́рья | Ма́ша, Мару́ся, Ма́ня, (Ма́ра, Му́ся, Му́ра) | Ма́шенька, Мару́сенька, Ма́нечка |
| Наде́жда | На́дя | На́денька, Надю́ша |
| Ната́лья (Ната́лия) | Ната́ша (На́та, Та́ша) | Ната́шенька |
| Не́лли, Нэ́лли | Не́ля, Нэ́ля | Не́лочка, Нэ́лочка, Не́лечка |
| Ни́на | Ни́на | Ни́ночка |
| Но́нна | Но́нна, Но́на | Но́нночка, Нону́ся |
| О́льга | О́ля (Лёля, Ля́ля) | О́ленька |
| Поли́на | По́ля | По́ленька, По́лечка |
| Раи́са | Ра́я | Ра́ечка |
| Ри́мма | Ри́мма | Ри́мочка, Риму́ля |
| Светла́на | Све́та (Ла́на) | Све́тик, Све́точка |
| Со́фья | Со́ня | Со́нечка |
| Тама́ра | Тама́ра (То́ма, Ма́ра) | Тама́рочка |
| Татья́на | Та́ня (Та́та) | Та́нечка, Таню́ша |
| Э́лла | Э́лла | Э́ллочка |

| 名　字 | 简　称 | 昵　称 |
|---|---|---|
| Э́мма | Э́мма | Э́мочка |
| Ю́лия | Ю́ля | Ю́лечка, Ю́ленька |

§　划横线的名字为更常用名。

# 附录二
# ПРИЛОЖЕНИЯ II
# ГРАММАТИЧЕСКИЕ ТАБЛИЦЫ

## 俄语词尾规则变化检索表

### 1. 名词词尾变化

#### （1）阳性名词词尾变化

| 格 \ 数 | 单 数 | | 复 数 | |
|---|---|---|---|---|
| 一 | стол | студе́нт | столы́ | студе́нты |
| 二 | стола́ | студе́нта | столо́в | студе́нтов |
| 三 | столу́ | студе́нту | стола́м | студе́нтам |
| 四 | стол | студе́нта | столы́ | студе́нтов |
| 五 | столо́м | студе́нтом | стола́ми | студе́нтами |
| 六 | столе́ | студе́нте | стола́х | студе́нтах |

| 格 \ 数 | 单 数 | | 复 数 | |
|---|---|---|---|---|
| 一 | слова́рь | геро́й | словари́ | геро́и |
| 二 | словаря́ | геро́я | словаре́й | геро́ев |
| 三 | словарю́ | геро́ю | словаря́м | геро́ям |
| 四 | слова́рь | геро́я | словари́ | геро́ев |
| 五 | словарём | геро́ем | словаря́ми | геро́ями |
| 六 | словаре́ | геро́е | словаря́х | геро́ях |

### (2) 中性名词词尾变化

| 格\数 | 单 数 | | 复 数 | |
|---|---|---|---|---|
| 一 | сло́во | мо́ре | слова́ | моря́ |
| 二 | сло́ва | мо́ря | слов | море́й |
| 三 | сло́ву | мо́рю | слова́м | моря́м |
| 四 | сло́во | мо́ре | слова́ | моря́ |
| 五 | сло́вом | мо́рем | слова́ми | моря́ми |
| 六 | сло́ве | мо́ре | слова́х | моря́х |

### (3) 阴性名词词尾变化

| 格\数 | 单 数 | | 复 数 | |
|---|---|---|---|---|
| 一 | ко́мната | пу́ля | ко́мнаты | пу́ли |
| 二 | ко́мнаты | пу́ли | ко́мнат | пуль |
| 三 | ко́мнате | пу́ле | ко́мнатам | пу́лям |
| 四 | ко́мнату | пу́лю | ко́мнаты | пу́ли |
| 五 | ко́мнатой (-ою) | пу́лей (-ею) | ко́мнатами | пу́лями |
| 六 | ко́мнате | пу́ле | ко́мнатах | пу́лях |

| 格\数 | 单 数 | 复 数 |
|---|---|---|
| 一 | степь | сте́пи |
| 二 | сте́пи | степе́й |
| 三 | сте́пи | степя́м |
| 四 | степь | сте́пи |
| 五 | сте́пью | степя́ми |
| 六 | сте́пи | степя́х |

2. 形容词词尾变化

(1) 形容词词尾变化——硬变化（Ⅰ）

| 格 \ 数性 | 单数 阳性 | 单数 中性 | 单数 阴性 | 复数 |
|---|---|---|---|---|
| 一 | но́вый | но́вое | но́вая | но́вые |
| 二 | но́вого | | но́вой | но́вых |
| 三 | но́вому | | но́вой | но́вым |
| 四 | 一或二格 | но́вое | но́вую | 一或二格 |
| 五 | но́вым | | но́вой (-ою) | но́выми |
| 六 | но́вом | | но́вой | но́вых |

(2) 形容词词尾变化——硬变化（Ⅱ）

| 格 \ 数性 | 单数 阳性 | 单数 中性 | 单数 阴性 | 复数 |
|---|---|---|---|---|
| 一 | молодо́й | молодо́е | молода́я | молоды́е |
| 二 | молодо́го | | молодо́й | молоды́х |
| 三 | молодо́му | | молодо́й | молоды́м |
| 四 | 一或二格 | молодо́е | молоду́ю | 一或二格 |
| 五 | молоды́м | | молодо́й (-ою) | молоды́ми |
| 六 | молодо́м | | молодо́й | молоды́х |

### (3) 形容词词尾变化——软变化

| 格 | 数性 | 单数 阳性 | 单数 中性 | 单数 阴性 | 复数 |
|---|---|---|---|---|---|
| 一 | | си́ний | си́нее | си́няя | си́ние |
| 二 | | си́него | | си́ней | си́них |
| 三 | | си́нему | | си́ней | си́ним |
| 四 | | 一或二格 | си́нее | си́нюю | 一或二格 |
| 五 | | си́ним | | си́ней (-ею) | си́ними |
| 六 | | си́нем | | си́ней | си́них |

### (4) 形容词词尾变化——混合变化（Ⅰ）

| 格 | 数性 | 单数 阳性 | 单数 中性 | 单数 阴性 | 复数 |
|---|---|---|---|---|---|
| 一 | | хоро́ший | хоро́шее | хоро́шая | хоро́шие |
| 二 | | хоро́шего | | хоро́шей | хоро́ших |
| 三 | | хоро́шему | | хоро́шей | хоро́шим |
| 四 | | 一或二格 | хоро́шее | хоро́шую | 一或二格 |
| 五 | | хоро́шим | | хоро́шей | хоро́шими |
| 六 | | хоро́шем | | хоро́шей | хоро́ших |

(5) 形容词词尾变化——混合变化（Ⅱ）

| 格 \ 性数 | 单数 | | | 复数 |
|---|---|---|---|---|
| | 阳性 | 中性 | 阴性 | |
| 一 | ру́сский | ру́сское | ру́сская | ру́сские |
| 二 | ру́сского | | ру́сской | ру́сских |
| 三 | ру́сскому | | ру́сской | ру́сским |
| 四 | 一或二格 | ру́сское | ру́сскую | 一或二格 |
| 五 | ру́сским | | ру́сской | ру́сскими |
| 六 | ру́сском | | ру́сской | ру́сских |

## 3. 人称代词的词尾变化

| | | | | |
|---|---|---|---|---|
| 一 | я | ты | он, оно́ | она́ |
| 二 | меня́ | тебя́ | его́ (у него́) | её (у неё) |
| 三 | мне | тебе́ | ему́ (к нему́) | ей (к ней) |
| 四 | меня́ | тебя́ | его́ (в него́) | её (в неё) |
| 五 | мной | тобо́й | им (с ним) | ей (с ней) |
| 六 | обо мне́ | о тебе́ | о нём | о ней |

| | | | |
|---|---|---|---|
| 一 | мы | вы | они́ |
| 二 | нас | вас | их (у них) |
| 三 | нам | вам | им (к ним) |
| 四 | нас | вас | их (в них) |
| 五 | на́ми | ва́ми | и́ми (с ни́ми) |
| 六 | о нас | о вас | о них |

## 4. 物主代词的词尾变化

(1) мой (твой, свой 同样变化)

| 格 \ 性 数 | 单数 阳性 | 中性 | 阴性 | 复数 |
|---|---|---|---|---|
| 一 | мой | моё | моя́ | мои́ |
| 二 | моего́ | | мое́й | мои́х |
| 三 | моему́ | | мое́й | мои́м |
| 四 | 一或二格 | моё | мою́ | 一或二格 |
| 五 | мои́м | | мое́й | мои́ми |
| 六 | мое́м | | мое́й | мои́х |

(2) наш (ваш 变化相同)

| 格 \ 性 数 | 单数 阳性 | 中性 | 阴性 | 复数 |
|---|---|---|---|---|
| 一 | наш | на́ше | на́ша | на́ши |
| 二 | на́шего | | на́шей | на́ших |
| 三 | на́шему | | на́шей | на́шим |
| 四 | 一或二格 | на́ше | на́шу | 一或二格 |
| 五 | на́шим | | на́шей | на́шими |
| 六 | на́шем | | на́шей | на́ших |

## 5. 指示代词 этот 词尾变化

| 格＼数性 | 单数 阳性 | 单数 中性 | 单数 阴性 | 复数 |
|---|---|---|---|---|
| 一 | э́тот | э́то | э́та | э́ти |
| 二 | э́того | э́того | э́той | э́тих |
| 三 | э́тому | э́тому | э́той | э́тим |
| 四 | 一或二格 | э́то | э́ту | 一或二格 |
| 五 | э́тим | э́тим | э́той | э́тими |
| 六 | об э́том | об э́том | об э́той | об э́тих |

## 6. 限定代词 весь 词尾变化

| 格＼数性 | 单数 阳性 | 单数 中性 | 单数 阴性 | 复数 |
|---|---|---|---|---|
| 一 | весь | всё | вся | все |
| 二 | всего́ | всего́ | всей | всех |
| 三 | всему́ | всему́ | всей | всем |
| 四 | 一或二格 | всё | всю | 一或二格 |
| 五 | всем | всем | всей | все́ми |
| 六 | обо всём | обо всём | обо все́й | обо все́х |

## 7. 疑问代词 кто, что 词尾变化

| 一 | кто | что |
|---|---|---|
| 二 | кого́ | чего́ |
| 三 | кому́ | чему́ |
| 四 | кого́ | что |
| 五 | кем | чем |
| 六 | ком | чём |

## 8. 动词 быть 的词尾变化

| 现在式 | 过去式 | 将来式 |
|---|---|---|
| есть | я был, -а́,<br>ты был, -а́<br>он был<br>она была́<br>оно́ бы́ло<br>мы }<br>вы } бы́ли<br>они } | я бу́ду<br>ты бу́дешь<br>он }<br>она } бу́дет<br>оно́ }<br>мы бу́дем<br>вы бу́дете<br>они́ бу́дут |
| 命令式 | \multicolumn{2}{c}{будь, бу́дьте} | |